U0818569

高职高专院校教学质量内部监控体系研究

张　振　著

中国矿业大学出版社

图书在版编目(C I P)数据

高职高专院校教学质量内部监控体系研究 / 张振著.
—徐州 : 中国矿业大学出版社，2017.6

ISBN 978 - 7- 5646 - 3579 - 4

Ⅰ. ①高… Ⅱ. ①张… Ⅲ. ①高等职业教育—教学质量—质量管理体系—研究—中国 Ⅳ. ①G718.5

中国版本图书馆 CIP 数据核字(2017)第 143189 号

书　　名 高职高专院校教学质量内部监控体系研究
著　　者 张　振
责任编辑 陈振斌　孙　景
出版发行 中国矿业大学出版社有限责任公司
(江苏省徐州市解放南路　邮编 221008)
营销热线 (0516)83885307　83884995
出版服务 (0516)83885309　83884920
网　　址 http://www.cumtp.com　**E-mail**:cumtpvip@cumtp.com
印　　刷 江苏凤凰数码印务有限公司
开　　本 880×1230　1/32　**印张** 5.5　**字数** 115 千字
版次印次 2017 年 6 月第 1 版　2017 年 6 月第 1 次印刷
定　　价 22.00 元
(图书出现印装质量问题，本社负责调换)

目　录

第一章　导论 …………………………………… 1
第一节　研究背景 ………………………………… 1
第二节　研究意义 ………………………………… 5
第三节　研究回顾 ………………………………… 6
第四节　研究思路 ………………………………… 17

第二章　高职高专院校教学质量内部监控的理论基础 ………………………………… 22
第一节　高职高专院校教学质量内部监控的相关概念 ………………………………… 22
第二节　高职高专院校教学质量内部监控的相关理论 ………………………………… 27
第三节　高职高专院校教学质量内部监控的信度与效度 ………………………………… 42

第三章　高职高专院校教学质量内部监控的问题表征 ………………………………… 50
第一节　高职高专院校教学质量内部监控的基本现状 ………………………………… 50

第二节 高职高专院校教学质量内部监控存在的问题 …………………………… 57
第三节 高职高专院校教学质量内部监控问题的成因 …………………………… 61

第四章 国外高职教育教学质量内部监控体系的建设及启示 ………………………… 65
第一节 英国高职教育教学质量内部监控体系的建设及启示 …………………………… 65
第二节 德国高职教育教学质量内部监控体系的建设及启示 …………………………… 76
第三节 澳大利亚高职教育教学质量内部监控体系的建设及启示 ……………………… 87
第四节 日本高职教育教学质量内部监控体系的建设及启示 …………………………… 96

第五章 高职高专院校教学质量内部监控体系的建构范式 ………………………… 108
第一节 高职高专院校教学质量内部监控的目标体系 ………………………… 108
第二节 高职高专院校教学质量内部监控的组织体系 ………………………… 113
第三节 高职高专院校教学质量内部监控的制度体系 ………………………… 117

第四节　高职高专院校教学质量内部监控的运行机制 …………………… 121

第六章　高职高专院校教学质量内部监控体系的实践与应用 …………………… 136
第一节　宁波职业技术学院的实践样态 ……… 136
第二节　广西幼儿师范高等专科学校的实践样态 …………………… 145

第七章　高职高专院校教学质量内部监控体系的优化策略 …………………… 155
第一节　把握教学质量内部监控核心理念 …… 155
第二节　提升教学质量管理的信息化水平 …… 157
第三节　培育现代高等职业教育质量文化 …… 158

参考文献 …………………… 160

第一章　导　　论

本章拟对高职高专院校教学质量内部监控体系的研究背景和研究意义进行阐述和分析，并通过对国内外相关研究的回顾明确本研究的基本思路和技术路线，以便为后续研究的顺利开展奠定基础。

第一节　研究背景

质量提升是一个永恒的话题，而质量监控体系的构建则是保障质量提升的基础。对于我国的高等职业教育而言，它既处于我国高等教育的"后大众化"发展进程之中，又处于我国高等职业教育的"后示范"发展时期。在"双重"时代背景之下，我国高等职业教育的质量尤其是教学质量备受关注，高职高专院校的内部教学质量监控体系也成为一个持续热议的重要话题。

一、高等教育"后大众化"

在我国高等教育的"后大众化"发展进程中，高等职业教育质量备受关注，高职高专院校的教学质量提升势在必行。美国著名学者马丁·特罗教授指出："如果一个国家的高等教育发展规模仅能够容纳不超过15%的适龄青年接受教育，那么这个国家高等教育的发展处于精英高等教育阶段，其性质不会发生根本性的变化；当这个比例超过15%时，高等教育就进入了大众化发展阶段，具有了大众化的性质。"[①]从精英阶段到大众化阶段，高等教育的发展理念、规模与结构、人才培养模式、管理模式等都将发生重大转变，高等教育的发展在接受量变的同时也在经历质变。此外，伴随着大众化进程的不断推进，各利益相关方对高等教育质量的重视程度将会愈加明显。

2002年，我国的高等教育毛入学率达到了15%。根据马丁·特罗教授的高等教育大众化理论，我国的高等教育在十几年前已经步入了大众化阶段。2015年，我国的高等教育毛入学率已经达到40%，目前高等教育发展正处于后大众化阶段，高等教育的质量愈来愈受到整个社会的普遍关注。高等职业教育是高等教育的重要组成部分，虽然人们习惯称之为高等教育的"半壁江山"，但是其教学质量却远未达到人们的期待值。人们对高职高专院校教学质量的关注程度愈来愈高，急切盼望其教学质量的提升。另一方面，随着我国经济的持续快速发展，社会对技术技能人才的需求程度不断加大，国家需要大批面向生产、建设、服务和管理第一线的人才，高职高专院校作为培养技术技能

①TROW M. Problems in the transition from elite to mass higher education[C]. Paris: Conference on Futures Structures of Post-Secondary Education, 1973: 63.

人才的“主阵地”，必须认真履行其培养人才的基本职能和中心任务，必须权衡教育规模扩张与教育质量提升之间的关系，切实探寻提升自身教学质量的方式与途径。

目前，我国的高职高专院校大都囿于传统的教学质量管理模式，且质量意识相对淡薄，由此导致高职高专院校的整体教学质量不容乐观，并严重影响了人才培养的质量。在教学质量提升的众多举措之中，建立健全高职高专院校教学质量内部监控体系是提高学校教学质量的关键，也是高职高专院校面临的重大课题。

二、高职教育“后示范”

在我国高等职业教育的“后示范”发展时期，亟需通过进一步完善内部教学质量监控体系提升高职高专院校的教学质量。为了提升高职高专院校的办学水平和教学质量，促进其内涵发展，教育部、财政部于 2006 年至 2012 年先后启动并实施了国家示范性高等职业院校建设计划和国家示范性高等职业院校建设计划骨干院校建设项目，分别遴选 100 所示范院校和 100 所骨干院校进行立项建设，以此带动全国千余所高职高专院校的发展。历经 10 余年的项目建设，示范院校和骨干院校的建设效应已经彰显。我国高职高专院校在管理体制机制、教育教学模式、社会服务能力等诸多方面的整体水平实现了跨越式发展并取得了突破性成就，这集中体现为高职高专院校教学质量的稳步提升。

目前，我国的高等职业教育已经进入了后示范发展时期，适逢我国职业教育改革调整与发展部署的关键时期，政府围绕现代职业教育体系建设目标，对高等职业教育的发展提出了新的要求。2014 年，国务院《关于加快发展现代职业教育的决定》指出："当前职业教育还不能完全适应经济社会发展的需要，结构不尽合理，质量有待提高，办学条件薄弱，体制机制不畅"，并提出"完善职业教育质量评价制度，定期开展职业院校办学水平和专业教学情况评估，实施职业教育质量年度报告制度。注重发挥行业、用人单位作用，积极支持第三方机构开展评估"的要求。为了落实《关于加快发展现代职业教育的决定》的要求，推动高职高专院校建立常态化自主保证人才培养质量的机制，引导和促进高职高专院校不断完善内部质量保证体系建设，提升内部质量保证工作成效，持续提高人才培养质量，2015 年教育部印发了《高等职业院校内部质量保证体系诊断与改进指导方案（试行）》，提出了"完善高等职业院校内部质量保证体系、提升教育教学管理信息化水平、树立现代质量文化"三项具体任务。

由此可见，为了应对"后示范"发展时期所面临的来自高等职业教育体系内部和外部的诸多挑战，政府已经在制度安排、结构功能、治理方式等方面做出新的调整和设计。那么，对于高职高专院校而言，今后的发展重点不能仅仅局限于固化现存的成就，而必须顺应政策形势，理清发展思路，在通过深化改革推动内涵式发展的同时，还需通过完善内部教学质量监控体系提升教学质量。

第二节 研究意义

一、理论意义

高职高专院校教学质量内部监控体系是一个非常重要的议题，研究该议题的理论意义主要体现在以下三个方面。第一，教学质量内部监控体系属于教育质量管理的范畴。对高职高专院校的教学质量内部监控体系进行研究，可以拓展和深化高等职业教育质量管理的研究领域，丰富和完善高等职业教育质量管理的研究理论。第二，运用全面质量管理理论和教育评价理论构建符合高职高专院校特点的教学质量内部监控体系，可以为当前高职高专院校的教学质量内部监控实践活动提供理论支撑，并为相关实践活动的开展提供理论范本和依据。第三，在高等教育"后大众化"发展进程和高等职业教育"后示范"发展时期的"双重"时代背景下，对高职高专院校的教学质量内部监控体系进行研究，有助于发掘时代背景赋予相关理论的新要求和新使命，从而有助于实现相关理论的创新。

二、实践意义

对高职高专院校教学质量内部监控体系进行研究，具有十分重要的实践意义，主要体现在以下三个方面。第一，本研究有利于建立健全高职高专院校的教学质量内部监控体系，从而能够使教学质量内部监控体系在高职高专院校的人才培养过程中充分发挥作用，提升高职高专院校的教学水平和办学水平，增强高职高专院校的竞争能力和适应能力，促进高职高专院校的内涵发展和持续发展。第二，本研究有利于优化高职高专院校的教学模式和人才培养模式，提升高职高专院校的教学质量和人才培养质量，从而能够培养出更多的优秀技术技能人才，满足社会各行各业对技术技能人才的需求，促进我国产业结构的转型升级和经济社会的持续发展。第三，本研究有助于高等职业教育工作者更加深入地了解有关高职高专院校教学质量内部监控体系的知识和方法，从而能够树立正确的教学质量观和人才培养观，提高管理效能。

第三节 研究回顾

一、教学质量管理相关研究

（一）国内研究现状

国内有关教学质量管理的研究文献数量较多，不同学者从不同研究视角、采用不同研究方法对教学质量管理进行了相对全面和细致的研究。以下分别从教学质量管理理论和教学质量管理内涵两个维度对国内研究现状进行综述。

1. 教学质量管理理论相关研究

有关教学质量管理理论的研究，主要包括三个方面：

（1）基于激励理论构建教师激励机制和评价机制。受到信息不对称的限制，单纯依赖高校组织内部的激励措施与管理办法无法有效解决教师的工作质量和工作效率问题，需要建立以同行评议与学术监督为基础的高校教师激励机制，使教师实现个体目标与组织目标的融合，依靠组织内部的驱动力促进教学质量和人才培养质量的持续提升。①②

（2）基于建构主义理论深化对教学管理过程的规律性认识，科学指导教学管理的实践活动，提升教学管理质量。建构主义理论可用于基础理论课的教学质量管理研究，通过采取关联式教学管理模式和探究——讨论型教学管理模式，能够有效促进教学管理质量的改善。③

（3）基于全面质量管理理论实现精细化管理的目标，通过全员参与和全过程管理等方式提升教学质量。以教学质量观念的创新为先导，树立全面的和多元的质量观，借鉴 ISO9000 标准，明确教学工作的各要素和各环节管理，从教学管理、教师和学生等不同方面入手，提出教学质量管理与优化的策略。④⑤

---

①李立国. 以学术同行评价与监督为基础建立教师声誉制度[J]. 中国高等教育，2005(11)：14-16.

②兰利琼. 弘扬教学文化，构建激励性评价机制[J]. 高等工程教育研究，2013(5)：155-159.

③谢逢春. 建构主义与工科基础理论课教学研究[J]. 高等工程教育研究，2010(4)：151-155.

④周鸿. 论教学质量管理的理念与机制的创新[J]. 国家教育行政学院学报，2003(4)：25-30.

⑤边晓霞. 高校教学质量管理与优化研究[D]. 天津：天津理工大学，2013.

2. 教学质量管理内涵相关研究

有关教学质量管理内涵的研究主要包括三个方面：

（1）辨析并界定教学质量管理的相关概念。教育质量的核心是人才培养质量，而教学质量又是人才培养质量的核心。教学质量管理是指运用管理学原理，合理调度参与教学活动的多种要素，有效控制教学过程的多个环节，通过提升教学质量实现人才培养质量和教育质量的提升。①②

（2）划分并理清教学质量管理要素。从管理过程、管理职能、管理对象等不同角度可以把教学质量管理划分为不同的层次和步骤。总体而言，教学质量管理要素包括目标要素、政策规章要素、机构（人员）要素、运行控制要素和方法手段要素。其中，办学特色、办学理念、培养目标、专业定位、师资队伍、人才培养方案、教学大纲、教学方法等又是教学质量管理的关键要素。③④

（3）关注并聚焦教学质量管理文化的培育。将文化管理理念引入教学质量管理能够克服单纯的规范化管理引致的问题，并能够体现教学质量管理的人本特征。培育教学质量管理文化需要树立教学质量管理中的教育价值观，贯彻人性化教学质量管理思想，全面审视和评价教学质量

---

①张安富. 正确处理“质量工程”实施过程中的几个关系[J]. 国家教育行政学院学报，2009(6)：8-10.

②王为正，孙芳，李玉. 大学内涵式发展背景下的教学质量管理探究[J]. 中国高教研究，2015(4)：70-74.

③彭宁. 浅谈教学质量管理要素[J]. 广西师专学报(哲学社会科学版)，1998(3)：93-97.

④王春光. 高校教育教学质量管理的关键要素探讨[J]. 高等农业教育，2015(3)：3-5.

管理过程中的制度创新，强化教学质量管理的服务功能。①②

（二）国外研究现状

20世纪80年代末期，美、英、法、德、日等国都已经步入了高等教育的大众化阶段，这些发达国家的教育改革皆围绕人才培养质量的提升与高素质人才的培养展开。与此同时，发达国家的专家学者们也对质量管理实践应用到教育领域进行了相对较为深入的理论探讨和实践探索。国外学者的相关研究主要从教学质量管理的功用和教学质量管理的应用两个维度展开。

1. 教学质量管理功用相关研究

有关教学质量管理功用的研究包括三个方面：

（1）教学质量管理有利于提高国家的竞争力和综合实力。由于产品和服务的质量取决于教师、管理者、工程师和研究人员等多个不同领域的人才，而教育则是人才培养的最重要途径，这就决定了教育质量管理势必成为世界上不同国家之间竞争的关键因素。③

（2）教学质量管理可以为高校提供诸多有价值的参考，在衡量教学质量高低方面，质量管理体系标准是一个较为理想的选择，使用质量管理体系标准可以帮助高校建

①王伟廉. 关于教学质量管理几个问题的再探讨[J]. 中国高等教育，2007(19)：29-31.

②余玲，胡望斌. 论高校教学质量管理中的文化管理[J]. 江苏高教，2010(2)：71-73.

③FEIGENBAUM A V. Total quality control[M]. New York：McGraw-Hill Book Company，1983：18.

立起有效的教学质量管理体系。①②

(3) 质量管理体系标准对高校质量管理的指导意义主要体现在两个方面:一是为高校制定了一个有效的质量支持系统;二是保证了高校的质量建设可以更加便捷地获取重要的基本资源。合理运用质量管理体系标准成为有效提高教学质量管理能力的一条捷径。③

2. 教学质量管理应用相关研究

有关教学质量管理应用的研究主要包括三个方面:

(1) 全面质量管理在高等教育领域的应用与在制造业领域的应用既存在共性,又存在差异。在高等教育领域的应用需要重点关注知识的生产与创造性思维,而不仅仅是技术、标准和方法的简单套用。此外,厘清两者的异同有助于有效应对潜在的困难与风险。④⑤

(2) 全面质量管理可应用于高校实验室的教学质量管理体系构建、基于毕业生素质要求的课程体系设计以及高校教学服务质量评价体系的构建等诸多领域,不同领域对

①DELVIN G. Quality management in US higher education[J]. Total Quality Management,2002(2):62-65.

②SENCILA V,SKIPARIENE I. Application of ISO9000series quality management standards at a higher education institution: a case of Lithuanian Maritime college[J]. Quality of Higher Education,2007,4(2):53-54.

③ANTON D G. Improving the quality of education through school-based management[J]. International Review of Education,2005,51(4):269-287.

④LAN W S,MICHAEL W. TQM in tertiary education[J]. International Journal of Quality & Reliability Management,1991(5):35-38.

⑤GEOFFREY D D. On quality in education[J]. Quality Assurance in Education, 2008(3):24-26.

应不同的系统实施方法和程序。①②

(3) 对高校在实施全面教学质量管理过程中涉及的诸多关键因素进行分析是必要且必须的，它有助于明确各领域改革目标和行动方向。③

（三）国内外研究现状述评

综合国内外学者有关教学质量管理的相关研究可以发现：国内学者在该领域的研究起步相对较晚，且多聚焦于理论研究层面，理论研究较为深入，具有较大的学术价值；但有关教学质量管理的实证研究或实践探索相对较少，相关研究的实用性有所欠缺。国外学者在该领域的研究起步相对较早，且侧重于从实用性的视角展开研究，因此相关研究具有相对较大的实用价值；但理论研究却停滞不前，理论研究的深度和创新性相对不足。

二、教学质量监控相关研究

（一）国内研究现状

目前，国内来自不同学科领域的学者都以教学质量监控作为研究对象。从不同学科领域来看，既有教育学领域的研究者，又有管理学领域的研究者；从教育学科内部来看，既有

①GEMMA R, RAMON C. Quality management in undergraduate laboratories[J]. Microchmica Acta, 2003(4): 177-185.

②AYTAC A, DENIZ V. Quality function deployment in education: a curriculum review[J]. Quality & Quantity, 2005(4): 507-514.

③VENKATRAMAN S. A framework for implementing TQM in higher education programs[J]. Quality Assurance in Education, 2007(1): 87-98.

基础教育领域的研究者，又有高等教育领域的研究者。通过归纳总结，发现国内学者有关教学质量监控的研究主要集中在对教学质量监控本质的解读、对现存教学质量监控问题的剖析、完善教学质量监控的策略研究三个方面。

1. 教学质量监控本质的相关研究

有关教学质量监控的本质的研究包括两个方面：

（1）教学质量监控在本质上是对教学过程的监测和控制，通常包括监控组织、监控对象和监控手段三个要素，其目的在于及时发现教学过程中存在的问题，以保障教学质量符合某种特定的标准。教学质量监控是一个动态过程，涉及多个层面上的不同教学环节，需要学校、教导处、教研室和班级构成的多层次监控组织的共同参与。①②

（2）教学质量监控对象即教学产品和教学工作的质量，那么教学监控的手段主要涉及定期收集和分析教学产品质量和教学工作质量方面的信息，并使用一定的评价工具进行测评。③④

2. 现存教学质量监控问题的相关研究

有关现存教学质量监控的问题主要包括有三个方面：

（1）目前教学质量监控最大的问题在于"重监轻控"，

---

①黎克林.构建我国基础教育质量监控与评价体系探析[J].教育导刊，2008(3)：13-16.

②王敏珣，吴仁英.教育质量监控系统构建申论[J].河北师范大学学报（教育科学版），2005(5)：5.

③田彩萍.高等院校教学质量监控体系与运行机制研究[D].武汉：华中师范大学，2009.

④张慧莉.Y县教学质量监控体系研究[D].上海：华东师范大学，2010.

教学质量监控主体仅仅采取一些措施对教学质量进行监督，却没有采取对应的措施干预和控制教学活动，由此导致教学质量监控走上形式化的道路。①②

（2）监控机构的不完善是教学质量监控存在的另一大问题。教学质量评估机构的缺位必然导致相应功能的缺失，没有了相对独立的教学质量评价组织，教育质量标准的厘定和实施将无从谈起。③④

（3）教学质量监控存在监控目标不清晰的问题，导致在实践中难以做到充分量化，从而易使监控流于空泛。此外，教学质量监控还存在监控力度不到位的问题，导致教学质量责任难以落实，从而降低了教学质量监控的效能，弱化了教学质量监控的价值。⑤⑥

3．完善教学质量监控策略的相关研究

有关完善教学质量监控的策略主要包括三个方面：

（1）教学质量监控策略主要围绕影响教学质量监控有效性的关键因素、教学质量监控方案的设计、教学质量监控目标群体与执行机构、教学质量的监控环境等展开。增

①姚利民．有效教学研究[D]．上海：华东师范大学，2004．

②林建，陈桂，盛党红．全方位教学质量监控体系的建构与实践[J]．中国电力教育，2014(27)：18-19．

③李亚东．试论我国教育评估中介机构的构建[J]．教育发展研究，2002(11)：63-66．

④曹安照，余承海．高校教学质量监控的效度、信度与限度[J]．大学教育科学，2014(1)：57-61．

⑤张应强，刘在洲．高等教育大众化背景下的教学质量保障问题[J]．高等教育研究，2003(6)：64-68．

⑥龚怡祖．大学教学过程质量监控系统的管理学思考[J]．高等教育研究，2004(5)：81-85．

加教学质量监控有效性的基本策略包括正确地框定教学质量监控问题、确保教学质量监控方案的科学性、维持教学质量监控过程的动态性以及建立独立的社会评估组织。①②

（2）教学质量监控机制的完善需要加强教学质量标准建设和教学质量监控队伍建设。此外，尤其要重视教学监控制度建设，从教学质量监控的职责制度、工作原则和方式方法上完善教学质量监控体系。在教学质量监控实践中亟须重视教学过程的优化管理，将影响教学质量的诸多软指标纳入到教学质量监控的范畴，使教学质量监控工作制度化、规范化和常态化。③④

（3）运用特定的方法和具体的软件建立教学质量监控机制的运行与评估模型，特定方法主要包括：AHP 层次分析法、因子分析法、多层次灰色评价法等。其优点在于提供了相对客观的量化标准，有利于完善教学质量科学化管理的过程。⑤⑥

①李焰，郜江霖. 地方院校实践教学质量监控体系的构建[J]. 高等工程教育研究，2009(3)：109-112.

②李佚芳. 从过程模型的视角审视教学质量监控的有效性问题[J]. 中国高教研究，2010(7)：87-89.

③随新玉. 建立健全教学质量监控机制，全面提高教学质量[J]. 中国高教研究，2002(1)：90-91.

④陈建湘，谢再莲. 试论高校内部教学质量监控主体体系、内容体系和运行机制的构建[J]. 教育与职业，2004(15)：46-48.

⑤邓咏梅. 多层次灰色评价法在课堂教学质量评估中的应用[J]. 科技进步与对策，2004，21(12)：143-144.

⑥邓红霞. 教学质量监控系统的研究与实现[D]. 太原：太原理工大学，2006.

（二）国外研究现状

目前，就教学质量监控而言，英美两国的相关实践活动相对较多且较为先进。这两个国家在教学质量监控活动中的诸多经验为我国的教学质量监控提供了有益的启示，值得我们学习和借鉴。英国学者有关教学质量监控问题的研究主要集中于总结本国教学质量监控的特点，而美国学者的相关研究则主要关注对本国教学质量监控制度的分析。

1. 英国教学质量监控特点的相关研究

英国的教学质量监控具有三个方面特点：重视教学质量监控立法，将教学质量监控上升到立法的高度；教学质量监控机构在经费拨付和行政管理上保持高度独立性；教学质量监控具有权威性，能够对教学质量评估报告进行权威鉴定。①② 作为制定各项教育质量标准的机构，英国教育标准局促进了各级教育督导部门教学质量监控工作的有效实施，这成为英国教学质量监控的一大特点。此外，围绕教育标准局建立一系列教学质量监控制度也体现了英国教学质量监控的特色。③ 英国教学质量监控体系十分重视多方利益相关者的监控，《市民法案》、《家长法案》等诸多政策文件保障了多方利益相关者在教学质量监控方面

---

①NELSON J. Desired characteristics for state and school district educational accountability report[R]. NCEO，1998：16.

②ASTIN A W. Four critical years：effects of college on beliefs，attitudes and knowledge[M]. San Francisco：Jossey-Bass，2007：89-91.

③WILLETT. Using a cox regression model to examine voluntary teacher turnover [J]. The Journal of Experimental Education，2008(6)：34-44.

的权利。这一特点促使英国教学质量的开放性和教学质量信息的公开性不断加强。①

2. 美国教学质量监控制度的相关研究

教育辅导和教学督导制度是美国最为重要的教学质量监控制度，在美国各级中小学教学质量保障、学校行政管理、师资培训和学生课程设置等诸多方面中发挥着重要作用，政府或学校一般通过直接影响教学过程等教育辅导方式进行教学活动的控制。②③ 美国的教学质量监控制度体系相对完善，政府层面和学校层面都十分重视教学质量监控制度的建设。教学质量监控制度还具有开放性，社会人士和家长都可以参与教学质量监控工作，监督教师的教学过程。美国教学质量监控的制度设计还为公益组织的成长提供了良好的环境，它们在很大程度上推动了各级教学质量监控工作的开展。④ 美国的制度设计高度重视教师主体作用的发挥。教师始终是教学质量监控中的重要角色，针对该群体设计有效的激励机制和风险管理制度是必不可少的，不仅能够减少人为影响因素的干扰，而且能够

---

①YSSELDYKE E. Enhancing communication: desirable characteristics for state and school district educational accountability report[R]. NCEOT, 1998: 1.

②LAWN M. Social constructions of quality in teaching[J]. Evaluation and Research in Education, 2001(12): 65-74.

③WILSON J D. Appraising teaching quality[M]. London: Hodder & Stoughton, 2002: 86.

④KELLER. Teachers' report of the effects of a whole school literacy reform model on teacher turnover[J]. The Elementary School Journal, 2009(6): 25-28.

保障教学活动的正确实施。①②

（三）国内外研究现状述评

综合国内外学者有关教学质量监控的相关研究可以发现：较之教学质量管理的相关研究，国内外学者对教学质量监控的研究相对细致和深入。具体而言，国内学者的研究已经深入到具体的操作层面，能够有效指导教学质量监控活动的开展。国外学者对教学质量监控的研究已经升华至理念层面，并有效指导了教学质量监控活动的创新。然而，国内外学者的相关研究却存在两方面的不足。一是研究对象较少涉及高等职业教育或高职高专院校，二是现有研究的系统性有所欠缺，即对教学质量监控体系构建的关注相对较少。在此背景下，对高职高专院校教学质量监控体系进行研究，具有重要的价值和意义。

第四节 研究思路

一、研究思路

本研究依托于英国著名心理学家托尼·巴赞（Tony

①BERDAHL R. Statewide coordination of higher education[M]. Washington D. C.: American Council on Education, 2008: 165-169.

②BLOOM A. The closing of the American mind[M]. New York: Simon & Schuster, 1987: 67-78.

Buzan)的思维导图①,遵循"切入现实问题—分析具体问题—提出解决方案"的思路,按照一定的技术路线展开研究(见图1-1)。由于高职高专院校教学质量内部监控体系构建是一个复杂的系统问题,笔者根据本研究所涉及的主要内容,从整体论与系统思维的视角出发,描绘出高职高专院校教学质量内部监控体系研究的思维导图。

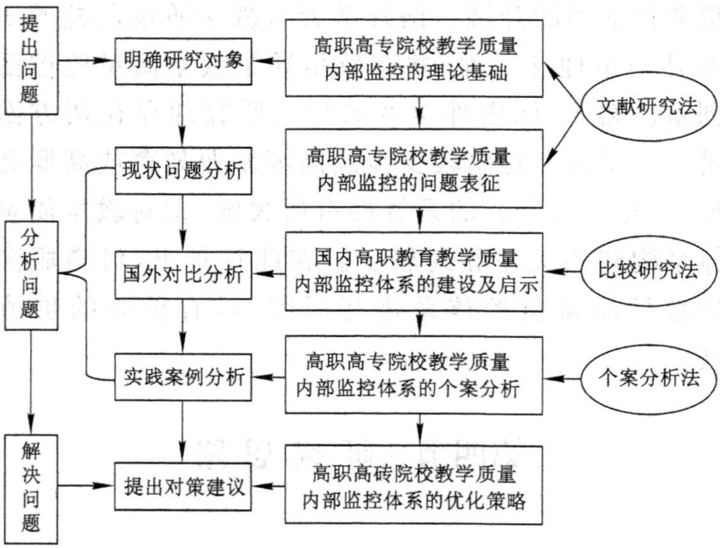

图1-1 研究技术路线

第一阶段是基础研究过程。基于我国高等职业教育的发展现状,从整体上审视目前我国高职高专院校的教学

①思维导图是一种有效的人类思维模式,被广泛应用于科研、管理等领域。它依托于人脑的发散性思维功能,运用图文并茂的方式把各级主题关系用相互隶属的层级图表示,从而可以激活分析能力,提供清晰的分析思路。

质量，并把教学质量内部监控体系作为研究对象。在确定研究的价值及目标之后，梳理和评述学界现存的研究成果，并对相关核心概念进行界定和阐释，将问题意识与理论工具接轨，把握研究的技术路线、基本内容和主要方法，为后续研究的开展奠定基础。第二阶段是典型研究过程。针对第一阶段提出的问题与想法，运用文献研究法、比较研究法和个案分析法展开典型的研究过程。首先对高职高专院校教学质量内部监控的问题表征进行了研究，分析了高职高专院校教学质量内部监控的基本现状、存在的问题以及问题的成因。接下来对英国、德国、澳大利亚和日本等四个国家的高职教育教学质量内部监控体系的建设及启示进行了研究，在此基础上提出了高职高专院校教学质量内部监控体系的监控范式和运行模式。最后以宁波职业技术学院和广西幼儿师范高等专科学校为例，对高职高专院校教学质量内部监控体系的实践与应用进行了探讨，并提出了高职高专院校教学质量内部监控体系的优化策略。第三阶段是研究结果呈现。最后的研究成果将送往知识库并递交相关决策者，以供参考。

二、研究方法

本研究所采取的方法主要包括文献研究法、比较研究法和个案分析法。

（一）文献研究法

文献研究法是本研究的基本研究方法。搜集与本研究直接或间接相关的文献资料，并对其进行梳理、归纳、总结和分析。本研究的文献资料主要包括：① 政策法规和行政公告。包括国家和各级政府部门制定的有关高等职业教育发展、高等职业教育质量管理、高职高专院校教学质量监控和诊断改进的政策文件。② 学术专著和期刊论文。通过对国内外学者学术专著和期刊论文的文献综述来确定本研究的研究视角和研究目的。③ 媒体报道资料。各种各样的新闻报道亦为本研究提供了大量素材。在确保信息来源客观性、真实性和权威性的前提下，本研究借鉴了诸多国内外的媒体报道资料。

（二）比较研究法

他山之石，可以攻玉。比较研究法是确定事物异同关系的思维过程和方法。本研究选取英国、德国、澳大利亚和日本等四个职业教育系统相对发达且各具发展特色的代表国家作为比较对象，通过分析这四个国家高等职业教育教学质量内部监控体系建设的内容、程序和特点，为我国的高职高专院校的教学质量内部监控体系构建提供可资借鉴的经验和参考。

（三）个案分析法

我国高职高专院校教学质量内部监控体系的构建具有较强的实践性，因此，有必要通过个案分析加深对此问题的认识。在进行个案选择时，本研究着重考虑个案的典型性和资料的丰富性，选取了一所高等职业院校（宁波职业技术学院）和一所高等专科学校（广西幼儿师范高等专科学校）作为分析对象。根据调查对象和内容的不同，本研究主要采用开放式访谈法、实地参观访谈和电话访谈等途径获取调研资料。访谈人员包括这两所学校的教学管理人员、专任教师和学生等。访谈的意义不仅在于了解高职高专院校教学质量内部监控的现状、问题与原因等，而且有助于弥补理论分析的不足之处，从而为教学质量内部监控体系的构建指明道路。

第二章　高职高专院校教学质量内部监控的理论基础

基础理论研究是高职高专院校教学质量内部监控体系研究的逻辑起点。本章在导论的基础上，分别对高职高专院校教学质量内部监控的相关概念、相关理论和相关测度进行了界定、研究和探讨。其中，相关概念的界定主要包括“教育质量”与“教学质量”、“教学质量管理”与“教学质量监控”、“外部教学质量监控”与“内部教学质量监控”；相关理论的研究主要包括“全面质量管理理论”和“教育评价理论”；相关测度的探讨主要包括教学质量内部监控的信度与效度。

第一节　高职高专院校教学质量内部监控的相关概念

一、“教育质量”与“教学质量”

（一）教育质量

《辞海》对“质量”的解释如下：“质量是产品或工作的

优劣程度。”[①]英语中“质量”(quality)的释义为:“a characteristic property that defines the apparent individual nature of something”,即品质与特性。《教育大辞典》对“教育质量”标准做出了这样的解释:“教育质量是对教育水平高低和效果优劣的评价”,教育质量“最终体现在培养对象的质量上”。[②] 教育质量的衡量标准是教育目的和各级各类学校的培养目标。前者规定受培养者的一般质量要求,也是教育的根本质量要求,后者规定受培养者的具体质量要求,衡量人才是否合格的质量规格。

在谈到教育领域的质量时,弗兰斯·范富格特(Frans van Vught)等人针对高等教育指出:“质量问题几乎到处蘑菇似的增长成为高等教育政治日程上的一个优先考虑的问题。但是,虽然一般认识到院校必须对它们活动的质量负责,但关于教育质量有很多不同的解释。”[③]英国学者格林(Green)把人们关于教育质量的各种观点分为五类,分别为:独有的、优秀的,与预定的规格和标准相一致,适合于目的,实现本校目标的效果,满足消费者规定的和潜在需要的程度。[④] 综上所述,首先,教育质量是一个多维的概念,包括与教育相关的诸多方面,如课程与教学、教师与学生、建筑与设施、仪器与设备等教育所有的功能与活动。

①辞海编辑委员会. 辞海[M]. 上海:上海辞书出版社,1989:706-707.

②顾明远. 教育大辞典[M]. 上海:上海教育出版社,1998:2175.

③[荷]弗兰斯·范富格特. 国际高等教育政策比较研究[M]. 王承绪,译. 杭州:浙江教育出版社,2001: 429-435.

④GREEN D. What is Quality in higher education? [M]. Buckingham: Society for Education and Open University Press,1994:3-20.

其次，教育质量是一个多层次的概念，涵盖学习者终其一生所接受的正规和非正规的不同层级、不同类型的教育和培训活动。再次，各教育利益相关者对教育目的有不同的期许，因此对教育质量的理解和侧重点存在明显差异。不管对教育质量的理解存在多少种可能，从教育教学的实践来看，对教育质量衡量的核心在于特定类型、特定学段教育目标的实现程度，最终的落脚点则在于学生的全面发展。

（二）教学质量

教学是教育的本体和基础。教育的本质是什么，教育的功能是否能真正发挥，教育的价值是否能真正体现，教育的目标是否能真正实现，最终都取决于教学实践。“教学”是一个不断发展和变化的概念，“教学质量”也是如此。“教学质量”虽然具有丰富的内涵和外延，但却较难定义，《教育大辞典》中并未收录“教学质量”这一词条。有学者从与教学目标的吻合程度对教学质量进行界定，认为教学质量是在教学过程中的某一特定节点，学生的发展变化达到某一标准的程度以及不同的公众对这种发展的满意程度。① 还有学者从教学效果的视角对教学质量进行了界定，认为教学质量是教学效果的体现，是教育价值的一种表现形式。② 由此可见，教学质量可以理解为教学过程（教

①王嘉毅.教学质量及其保障与监控[J].高等教育研究，2002(1)：74-75.

②王金山，方慈.高校教学质量监控系统分析与设计[J].中国高等教育评估，2001(1)：34.

师的教和学生的学）及其效果达到既定教学目标的程度，它体现了教学监控的总体成果。

在对"质量"的界定中，强调了两个关键组成因素。从质量的基本含义和教学的特殊性出发，在对"教学质量"进行界定时，也要适当了解教学活动涉及的对象及其要求、教学质量的品质和特性这两个关键组成要素。此外，从教学系统来看，教学是一个过程，是一个教师向学生提供知识，帮助学生提高自己能力的过程，包括教学输入、教学准备、教学输出三个方面。由于教学质量涉及教学活动的投入、过程、结果以及多元化的利益相关者，因此教学质量是一个多维性的评价指标。[①] 由此，笔者认为，教学质量是指学生在知识、能力、价值观等方面的增量，满足学生明确或隐含需求的程度，它是学校整个教学系统环节综合作用的结果。

二、"质量管理"与"质量监控"

在研究高职高专院校教学质量监控体系的相关文章中，往往把质量管理等同于质量监控，导致概念混淆，这不利于高职高专院校教学质量监控体系的构建，因此有必要对"质量管理"与"质量监控"这两个概念进行区分。

管理有广义和狭义之分，广义的管理是指为了保障社会活动井然有序地展开而采取的科学合理的组织手段。

①HERBERT W M, MICHAEL B. Multidimensional students' evaluation of teaching effectiveness[J]. The Journal of Higher Education, 1993(6): 1-15.

狭义的管理是指为保证一个组织整体业务活动的顺利展开而采取的计划、监督、控制、协调等活动。监控也有两种解释：一是监测和控制，常用于机器设备工作状态的变化等；二是监督和控制。教学质量监控中的“监控”是指第二个释义。

质量管理建立在明确质量方针、目标和职责的基础之上，其职能往往通过质量策划、控制和保障来实现；质量监控是从组织外部对该组织提供产品或服务的质量实施监督和控制的活动。质量监控是质量管理的下位概念，广义而言，质量监控是质量管理的子集。但质量管理和质量监控的侧重点不同，具体如下：第一，实施主体不同。质量管理的主体侧重于组织自身，而质量监控主体则侧重于相对独立的组织或个体。第二，运行方式不同。质量管理侧重于组织内部的策划、控制和保障，而质量监控则侧重于组织外部的监督和控制。第三，最终效果不同。质量管理侧重于组织对自身运作过程的管理，其效果在于坚守自身的理念和达成自身的目标。质量监控则从更高的层次分析问题，致力于满足多元的利益诉求。

三、“教学质量外部监控”与“教学质量内部监控”

教学质量监控包括两种：教学质量外部监控和教学质量内部监控。教学质量外部监控是指高职高专院校以外的机构和部门对学校整体教学质量的监督和控制行为，比如由教育主管部门开展的人才培养工作水平评估等。教学质量内部监控则是指高职高专院校内部全体教职员工及学生对教学活动的监督和控制行为。

教学质量外部监控与教学质量内部监控是紧密联系的，二者具有相同的目标且在功能上是互补的，因此在理论研究和实践活动中没有必要对二者进行刻意地区分。由于信息不对称以及利益差异的存在，也导致二者之间存在一定的矛盾。目前，我国高职高专院校的教学质量外部监控过于密集，而教学质量内部监控流于形式。那么，如何协调教学质量外部监控与教学质量内部监控之间的关系就显得尤为重要。在具体工作中，可以把教学质量外部监控指标作为风向标，聆听社会对高职高专院校教学质量的诉求，建立质量信息平台，并基于此构建教学质量内部监控体系，促进教学质量内部监控系统的良好运转。

第二节 高职高专院校教学质量内部监控的相关理论

一、全面质量管理理论

（一）全面质量管理理论的发展历程

全面质量管理理论的发展经历了一个相对较长的历程，并在发展过程中逐步完善。1990 年之前，人们多用 TQC（Total Quality Control）来描述全面质量管理理论和实践。TQC 的概念是由美国著名的质量管理大师费根堡姆于 1960 年首次提出的。1990 年之后，TQC 逐渐被

TQM(Total Quality Management)取代,TQM 的概念是由美国国防部于 1989 年提出。虽然仅有细微变化,但这一变化却反映出全面质量管理充满了生机和活力。近些年来,随着 ISO(International Organization for Standardization)9000 族质量管理体系国际标准的出现与快速发展,它被逐渐应用于全面质量管理活动之中,这种通过建立质量管理体系来实施全面质量管理的方式加强了全面质量管理的制度基础建设。受全面质量管理理论和实践的影响,ISO 9000 族标准与 TQM 在质量管理理念和运行模式方面有很多相似之处,而且它们都强调综合使用现代统计技术和现代管理技术。ISO 9000 族具有标准的属性,因此它更加严谨规范,同时也更具指导性和操作性。另一方面,ISO 9000 族的要求也相对较为严格。较之 ISO 9000 族标准,TQM 只是一套理念与技术方法,其指导作用较为宽泛和模糊,但却更加灵活和多样化。全面质量管理理论仍处于不断地发展之中,TQC、TQM、ISO 9000 族标准都是该理论的重要组成部分,它们出现于理论发展的不同阶段,在全面质量管理理论和技术方法的完善过程中发挥着举足轻重的作用。

(二) 全面质量管理的典型理论和模式

全面质量管理理论包括许多理论和模式,其中戴明、朱兰、克罗斯比和费根堡姆等四人的全面质量管理理论和模式堪称经典。全面质量管理理论的经典理论和模式源于长期经验积累和实践活动,这些理论和模式为解决质量问题提供了重要的方法和依据,它们是质量管理大师们智慧的结晶，具有十分重要的价值。在经过无数次验证之后，这些理论和模式已经成为个人与组织皆可利用的深刻知识。以下重点介绍这四位管理大师的理论和模式，以便准确把握全面质量管理理论并深刻领会全面质量管理的真谛。

1. 戴明的理论和模式

威廉·E. 戴明(William E Deming)被认为是20世纪最著名的质量管理大师，他所倡导的理论和模式主要包括：①“PDCA”循环模式。“PDCA”循环模式又被称为戴明轮(Deming Wheel)。戴明认为质量管理和改进是一个科学的工作程序，该程序包括计划(plan)、执行(do)、检查(check)和处理(act)四个环节。四个环节不断循环反复，每一次的循环都会带来质量的提升，不断循环带来了质量的持续改善。② 质量管理十四要点。① 1989年，戴明归纳出了“质量管理十四要点”。具体如下：信奉“绝不容忍低质量”；把改进产品和服务作为永恒的目的；停止大规模检验；终止以金钱为主的奖励措施；不断改进生产和服务体系；实施在职培训；取消打分和评定制度；通过双向沟通缓解员工恐惧心理；打破部门之间的壁垒，鼓励部门之间的合作；废除盲目的口号；取消不合理的工作标准和空洞的数量目标；在保障员工自尊心的同时提高员工的自豪感；制定并实施教育计划与自我完善计划；在最高管理层设立

①SALLIS E. Total quality management in education[M]. London: Kogan Page, 1993:48-49.

相应机构，该机构致力于实现质量转变。③ 深刻的知识体系。[①] 戴明著有《深刻的知识体系》一书，该书结合了他七十多年的质量管理工作经验，主要内容包括：分体系最优化是整个体系最优化的前提；熟练掌握统计学知识，以便更有效地完成领导和协同工作；工作中不能仅仅依靠经验，更要遵循理性准则和知识理论；管理者需具备一定的心理学基础。

戴明把系统解决问题的方法归纳为"PDCA"循环，并深刻剖析了导致质量低下的原因，在此基础上提出了质量的持续改进策略并强调要由管理者来承担质量改进的责任。戴明从哲学的高度论述其理论和模式，使得其理论异常深刻，同时也更具普适意义。

2. 朱兰的理论和模式

约瑟夫·M. 朱兰(Joseph M. Juran)在质量管理领域名声显赫，被公认为是现代质量管理的领军人物，他所著的《朱兰质量手册》被誉为"质量管理领域的圣经"。朱兰提出的理论和模式主要包括：① 质量螺旋。与戴明的"PDCA"循环类似，朱兰把质量生产看成是一个螺旋形上升的过程，每经过一次循环，质量就提高一步。不同的是，戴明强调循环中的管理要素，而朱兰则强调循环中的生产过程要素。② 质量三部曲。[②]"质量三部曲"是朱兰管理智慧的结晶，他认为质量管理通过质量策划、质量改进和质

---

①何广明. 全面质量管理(TQM)综合法[M]. 北京：中国标准出版社，1998：28-32.

②[美]朱兰. 朱兰论质量策划[M]. 杨文士，译. 北京：清华大学出版社，1999：8.

量控制这三个阶段得以实现。其中,质量策划的目的在于满足顾客需求;质量改进的目的在于打破旧的藩篱,实现新的质量突破;质量控制的目的在于发现并解决问题。

朱兰的理论和模式强调质量的达成包括策划、改进和控制三个步骤。质量是计划的产物,只有经过精心策划才会出现高质量,没有捷径可走。朱兰的理论和模式突出过程方法,无论是质量螺旋理论所阐述的产品形成过程,还是"质量三部曲"模式所包含的质量管理过程都是过程的展示。

3. 克罗斯比的理论和模式

菲利普·B. 克罗斯比(Philip B. Crosby)终身致力于"质量管理"哲学的发展和应用,被誉为"伟大的管理思想家"和"零缺陷之父"。他善于用通俗易懂的词汇来讲述枯燥晦涩的质量管理思想,其脍炙人口的质量管理著作包括《质量是免费的》、《质量无泪》等。克罗斯比的理论和模式主要有:① 零缺陷。[①] 克罗斯比提倡所有组织都应以"零缺陷"为目标,而不能单单依靠统计学知识进行质量管理。实现"零缺陷"的关键在于组织及其成员对高质量的追求,以及为之付出的努力,并认为"一次成功"是实现"零缺陷"的有效途径,"零缺陷"的实质在于缺陷预防。② 质量免费。[②] 在克罗斯比看来,"零缺陷"与高质量是免费的,"质

---

①SALLIS E. Total quality management in education[M]. London: Kogan Page, 1993:54-55.

②何广明. 全面质量管理(TQM)综合法[M]. 北京:中国标准出版社,1998:38-40.

量免费”恰恰是实现“零缺陷”的动力。他把质量成本分为预防成本、评估成本和故障成本三大类，并通过阐述如何降低这三类成本来证明他的质量免费观点。③ 质量改进十四步骤模式。[①] 十四步骤质量改进模式如下：最高管理层必须表明自己的态度，做出对全面质量管理的承诺；组建团队，专门负责监督质量改进的工作；制定质量衡量程序；确定能获得最高收益的改善点；提高员工质量意识；纠正行动；制定零缺陷计划，成立零缺陷质量委员会；管理培训；时刻提醒员工已经采取新的绩效标准；设定具体的质量目标；消除产生错误的原因；认可员工取得的成绩并对员工进行奖励；质量管理团队定期交流经验；整个模式重复操作。

克罗斯比强调质量改进从高层管理者的承诺开始，主张“零缺陷”与“一次成功”，并认为质量是免费的，而持续改进动力的大小又与质量成本的高低密切相关。

4. 费根堡姆的理论和模式

阿曼德·V. 费根堡姆（Armand V. Feigenbaum）被称为“全面质量控制之父”，其代表作为《全面质量控制》，所倡导的全面质量管理理论和模式包括：① 全面质量十要点。[②] 费根堡姆认为质量包括十个要点，具体如下：质量是一种管理方式；它由顾客决定；质量是一个与消费者密切

---

①SALLIS E. Total quality management in education[M]. London：Kogan Page，1993：55-57.

②FIELDS J C. Total quality for schools：a guide for implementation[M]. Wisconsin：ASDC Quality Press，1994：7-8.

相关且涉及整个组织的过程；质量和成本联系密切；端正组织成员对待质量的态度至关重要；质量与创新之间联系紧密；质量的持续改进是必要且重要的；改善质量是实现低成本和高效益的必由之路；顾客和供方组成的系统是实现高质量的基础；质量是工作与活动的基本准则。② 四项基本工作模型。[①] 该模型包括：规划设计产品的品质与特性、生产过程以及质量标准；遵循既定标准与规格控制配件、零部件和原材料的进料；涉及产品生产、成品和半成品检验、产品使用过程以及售后服务的产品控制；针对导致产品不合格的原因开展专题研究。

费根堡姆强调对质量的全面控制，他认为质量控制贯穿于生产过程的每一个环节，从原材料等的购入到加工过程再到产品的生产。

（三）全面质量管理理论在教学质量内部监控体系研究中的适切性

上述四种全面质量管理的经典理论和模式对高职高专院校教学质量内部监控体系的构建有很高的理论价值和很强的理论指导作用，它们在高职高专院校教学质量内部监控体系研究中的适切性如下：

第一，全面质量管理理论以顾客为关注焦点，强调顾客的需求。在高职高专院校教学质量内部监控体系的构建过程中，必须明确高职高专院校的顾客及其需求。唯此，高职高专院校才能确定监控目标体系，才能构建监控

①周朝琦．质量管理创新[M]．北京：经济管理出版社，2000：52-55．

组织体系和制度体系，才能有效地开展监控活动。第二，全面质量管理理论重视过程管理，过程管理认为质量的形成是一个过程，过程的意义在于它能够带来增值，并把影响质量的资源和活动作为过程来管理。高职高专院校教学活动包括教学输入、教学过程、教学输出三个环节，它们之间是相互作用、相互影响的。构建教学质量内部监控体系，对影响高职高专院校教学质量工作的各种活动必须给予妥善处理，这样才有利于高职高专院校更加系统地监控和管理。第三，全面质量管理理论中包含持续改进的思想。外界环境处于不断变化之中，顾客的需求也在不断变化，因此每项工作和活动都存在改进的机会，持续改进势在必行。持续改进的意识只有渗透到高职高专院校教学质量监控的各个层面，学校各个部门及个人才能做出持续改进的承诺，各个层面需要改进的项目和任务才有可能达成。第四，全面质量管理理论认为单兵作战是不可能达成质量目标的，团队方法必须贯穿整个系统和各个环节，即强调全员参与。归根结底，对高职高专院校教学质量影响最大的因素是人，教学质量内部监控体系的构建离不开高职高专院校全体教职员工和学生的积极参与。① 第五，全面质量管理理论认为全面质量管理的实施必须依靠高层管理者的部署与规划。高职高专院校高层管理者观念和领导方式的不断更新有利于营造一个良好的环境氛围，从而能够调动多方利益相关者的积极性。这对高职高专院

①林健.高等学校人才培养全面质量管理探析[J].高等教育研究，2001(6):90-94.

校长期发展战略的制定，以及质量能力的持久提升都产生了重要的影响作用。

二、教育评价理论

（一）教育评价理论的发展历程

“教育评价是对教育活动满足社会与个体需要的程度作出判断的活动，是对教育活动现实的（已经取得的）或潜在的（还未取得，但有可能取得的）价值作出判断，以期达到教育价值增值的过程。”[①]现代高等教育机构的教育评价已有愈百年的发展历史，最早可追溯至20世纪初期美国开展的教育鉴定，随后影响了加拿大、日本和德国等诸多国家。在发展历程中，教育评价理论发生了一系列变化，不同研究者提出了不同的教育评价观。其中，泰勒、克隆巴赫、斯塔弗尔比姆和比贝等四位学者的观点具有较大的影响力。

1. 泰勒的教育评价理论

20世纪初，学校教育评价主要围绕学生学力测量的客观化和标准化展开。受此影响，课程和测验大多囿于教材，即课程多围绕教材设计，测验内容也多为教材知识的复述。这种模式造成了学生知识的片面化和刻板化。针对此种弊端，美国俄亥俄州立大学教育科学研究所的拉尔夫·泰勒（Ralph Tyler）教授通过主持课程与教学评价的研究正式提出了“教育评价”的概念，他设计了一套以教学

①陈玉琨.教育评价学[M].北京：人民教育出版社，2006：7.

目标为核心的课程和测验编制原则，试图把社会需求和学生诉求反映到课程和测验中。在泰勒看来，教育评价乃是“确定教育目标在实际上被理解到何种程度的过程”和“测量课程和教学方案在多大程度上达到了教育目标的过程”。[①] 归根结底，泰勒教育评价理论的宗旨在于以教学目标为核心，并通过具体的行为变化判断教育目标的实现程度。

2. 克隆巴赫的教育评价理论

克隆巴赫(Lee J. Cronbach)是美国心理学家和教育学家。他创建了一套常用的衡量心理或教育测验可靠性的方法——“克隆巴赫 α 系数法”(Cronbach's coefficient alpha)，并在此基础上建立了一个用于确定测量误差的统计模型，现广泛应用于教育学和心理学的各类实证研究之中。克隆巴赫把教育评价定义为“为做出关于教育方案的决策，收集和使用信息的活动”[②]。在他看来，教育评价不仅在于强调某一教学过程是否有效，而且在于明确教学过程需要改进的重点。按照克隆巴赫的观点，教育评价的重点在于教育过程，并对教育决策给予足够的重视和持续的改进，而不只是检视教学活动结束之后教学目标的达成程度。

3. 斯塔弗尔比姆的教育评价理论

1967 年，美国学者斯塔弗尔比姆(Daniel L. Stuffle-

---

①[美]布鲁姆. 教育评价[M]. 邱渊，王钢，夏孝川，等译. 华东师范大学出版社，1987：137-138.

②刘校梅. 教育评价的演进[J]. 东岳论丛，2002(3)：137-138.

beam)在对泰勒的行为目标模式进行反思的基础上提出了CIPP模型，这也是他有关教育评价理论的主要观点。CIPP模型以决策为核心，由背景评估(context evaluation)、输入评估(input evaluation)、过程评估(process evaluation)和成果评估(product evaluation)四部分组成。在斯塔弗尔比姆看来，教育评价是一种工具，用于对教育活动的背景、信息的输入、教育过程及教育结果进行全方位的评价，其主要目的不在于证明(prove)，而在于改进(improve)，从而使评价方案更加有效地服务于方案的使用者。因此，教育评价是一种划定、获取和提供叙述性和判断性信息的过程，以便为决策者提供有用的信息。斯塔弗尔比姆的教育评价观主要侧重于"描述"，致力于实现教学活动的标准化。①

4. 比贝的教育评价理论

1975年，比贝(C. E. Beeby)把教育评价定义为"教育评价是一个系统地收集信息和解释证据的过程，并在此基础上进行价值判断"。在比贝看来，教育评价的目的在于收集系统的而非零散的资料，并通过评判性的思考将这些资料进行整理和解释，以便指导教学实践活动。比贝首次表述了教育评价的目标指向在于教学活动的价值判断，他强调对教育目标本身作出判断，以便使评价活动有效指导相关决策的科学化，并据此进一步指导实际工作。这一表

①[美]斯塔弗尔比姆．评估模型[M]．苏锦丽，等译．北京：北京大学出版社，2007：149-161.

述无疑对教育评价理论的发展起到了十分关键的作用，有学者甚至把比贝的观点作为教育评价概念嬗变的分水岭，因为在他之前，无论是泰勒、克隆巴赫，还是斯塔弗尔比姆，均未提及“价值判断”，而把描述看作是教育决策者的事情。比贝深化了教育评价的内涵，其“价值判断”的观点受到人们的广泛关注。①

（二）教育评价理论的类型

从教育质量评价功效的角度分析，评价活动总有特定的目的。根据评价的目的不同，可以将教育评价划分为诊断性评价、形成性评价和总结性评价三类。

1. 诊断性评价

诊断性评价（diagnosis evaluation）是指为了制订切实可行、有的放矢的教学活动计划，对被评价对象的优势、特点、存在的问题以及问题的原因等进行深入地了解和剖析，从而预测其发展变化的可能性评价。诊断性评价通常在教学活动开始之前，或某项教育决策、教育计划出台之前进行，所以又被称为事前评价或准备性评价。诊断性评价包括背景评价、目标评价和方案评价等诸多方面，其实质是对教学活动的“症状”及其“病因”进行“诊断”，以便按照被评价对象的现实需求“对症下药”，制订出符合实际且极具针对性的工作计划。② 诊断性评价有两个显著特点：一是重诊断，即对无效、低效甚至负面效应的教学活动及

①刘尧．论教育评价的科学性与科学化问题[J]．教育研究，2001(6)：22-26.

②胡中锋．教育评价学[M]．北京：中国人民大学出版社，2013：67-69.

其原因进行判断评价；二是重治疗，即针对问题及其原因设计出改进目标和对策。由此可见，诊断性评价的终极目标或本质特征在于通过改进工作促进教师的教或学生的学，而不只是为了简单的成绩评定。

2. 形成性评价

形成性评价（formative evaluation）又被称为事中评价或过程评价。从宏观视角来看，形成性评价是为了使教学计划达到预期的效果，而在教学活动过程中进行目标、计划检验和计划执行状况判断的一种评价活动。从微观视角来看，形成性评价是在教学进程中对教师的教学效果和学生的学习结果采取的评价，以此判断学生的知识掌握和能力发展情况。一方面，通过形成性评价，有利于发现教学活动中存在的问题和原因，并及时提出矫正方案，当然也可以利用形成性评价激励达到目标的教学行为，起到强化成绩的作用。另一方面，通过形成性评价，有利于促进教学活动形成一个“自我纠正系统”，即形成性评价能够定期向教师和学生提供有关教学活动进程的信息，从而可以使教师和学生有效地利用这些信息，按照需要采取适当的修正措施。① 形成性评价的主要目的不是为了选拔少数优秀学生，而是为了发现每个学生的潜质和改进学生的学习，并为教师提供反馈。综上所述，形成性评价实际上是一种为了实现反馈调控机能的评价，它强调对教学过程改

①丁邦平.从“形成性评价”到“学习性评价”：课堂评价理论与实践的新发展[J].课程·教材·教法，2008(9)：20-25.

进的评价，既不是为了预测的诊断评价，也不是一种只注重学习结果的成绩评定。

3. 总结性评价

总结性评价（summative evaluation）又称终结性评价、事后评价，一般是在教学活动告一段落后，为了解教学活动的最终效果而进行的评价，起到判断教学质量的作用。学期末或学年末进行的各种考试和考核都属于总结性评价，其目的在于检验学生的学业是否最终达到了各种教学目标的要求。一方面，总结性评价是以预先设定的教学目标为基准，对评价对象达成目标的程度即教学效果做出评价。它注重考查学生掌握某门学科的整体程度，概括水平较高，测验内容和范围较广，常在学期中或学期末进行，次数较少。另一方面，总结性评价的实质是对教学活动的最终结果即教学活动最终达到目标的程度作出鉴定性的判断，它重视的是教学结果，借以对被评价者做出全面鉴定，区分出等级，并对整个教学活动的效果做出评定。① 综上所述，总结性评价是为了肯定成绩、总结经验、发现问题、明确方向，而对教学活动达成目标的程度进行全面判断的评价。

（三）教育评价理论在教学质量内部监控体系研究中的适切性

教学评价之于教学质量内部监控体系研究的适切性主要通过其功能得以体现。教学评价的功能主要包括四

①[日]田中耕治.教育评价[M].高峡，田辉，项纯，译.北京：北京师范大学出版社，2011:21.

种，分别是导向功能、检查功能、监控功能和激励功能。首先，教育评价的导向功能是在评价活动中，评价者扮演“领路人”的角色，带领评价对象向着“目的地”迈进。明确的评价目标、预设的评价标准以及严格的评价程序是评价活动中必不可少的三个组成部分，这三个组成部分使评价活动具有较强的目的性与规范性，从而引导评价对象实现理想目标。其次，教育评价的检查功能是评价者根据评价目标、评价标准来判断和检测评价对象的实际状况，以衡量评价对象的实际状况与评价目标、评价标准之间是否符合以及符合程度的大小。按照明确的目标和预设的标准进行检查，可以发现评价对象在实际表现中存在的问题，找到评价对象与评价目标、标准之间差异，进而明晰评价对象的实际状况。再次，教育评价的监控功能是评价者根据评价目标和评价标准制定一个合理的评价系统，并利用该评价系统对评价对象的变化情况进行监控，及时调整评价目标和评价标准出现的偏差。最后，教育评价的激励功能体现为教育评价活动能够调动评价对象的积极性，激发他们的潜在能力，从而使其能力得以完美释放。评价的激励功能符合评价对象身心发展的规律，同时也符合教育管理的需求，在某种意义上，教育评价过程其实就是一种激励过程。

教学质量内部监控体系建立在对教学质量评价的基础之上，它是现代教育评价的深化、结构化与体系化，这体现在教育质量观的全面性、教学质量监控活动的全员性以及教学质量监控服务的全过程性等方面。在构建教学质量内部监控体系的过程中，教育评价尤其是教育质量评价，是高职高专院校教学质量内部监控体系构建的重要途径和手段，其结论为教学质量内部监控体系的构建提供了依据。除此之外，在教学质量内部监控体系的运行过程中，定期评价是教学质量内部监控体系运行中必须重点关注的环节，只有充分发挥定期评价的调控作用，才能保证体系的顺畅运转。

第三节　高职高专院校教学质量内部监控的信度与效度

一、高职高专院校教学质量内部监控的信度

作为社会系统的重要组成部分，高等职业教育系统的有效运行是一个重要议题。高职高专院校应承担高等职业教育系统有效运行的责任，并且用一种相对客观的、不浮夸的方式汇报它们的成本和成果。这就涉及高职高专院校教学质量内部监控的信度问题。高职高专院校教学质量内部监控的信度主要是指监控在提升人才培养质量、促进学生发展上的可靠程度，即是否以一种务实的精神开展教学质量监控工作，教学质量监控的落脚点是否定位于人才培养质量的提升，以及最终是否促进了学生的全面发展。①

①龚怡祖.大学教学过程质量监控系统的管理学思考[J].高等教育研究，2004(5)：81-85.

（一）影响高职高专院校教学质量内部监控信度的问题

1. 政策文件出台数量

目前，国内高职高专院校有关教学质量内部监控效果的表述大都围绕相关政策文件的出台数量展开。在相关政策文件中，是否获得国家级和省级教学改革项目以及教学质量内部监控的协调机制建设进度等指标备受关注。一方面，国家级和省级教学改革项目的获得只能从一个侧面反映教师教学研究能力的发展情况。然而，教师的教学能力并不仅仅是教学研究能力。缺少了良好的激励机制，教学研究能力并不会自动转化为教学质量提升的动力，充其量只是教师个体专业发展上一些外在砝码。教师个体的专业发展与学生的全面发展并无直接关联，尤其是在教师个体教学意愿不强烈的情况下，教师个体的专业发展难以直接转化为学生的全面发展。另一方面，教学质量内部监控的协调机制建设进度只是监控主体单方面的行为，教学质量的提高显然不可能依靠这些单方面的行为而发生大幅改变。此外，虽然有些政策文件得到了贯彻实施，但是却鲜有监控主体关注政策文件的执行成效。这些指标暴露了高职高专院校教学质量内部监控理念的偏差，与监控的真实效果相去甚远，存在“舍本逐末”的弊端。

2. 教师个体获奖

目前，国内的高职高专院校十分重视教师个体在教学名师奖、教坛新秀、教学优秀奖等方面的表现，把它作为教学质量内部监控的重要环节。诚然,这些奖项的设置会在教师群体中产生一定的辐射效应和示范效应,但却无法真正解决教学质量问题。教师个体获奖只是奖励了某些教师个体,对于绝大多数教师往往是个打击。究其原因,受传统关系文化的影响,这些奖项的评选难以充分体现公平和公正的原则,逐渐蜕变为人际关系的大比拼,在人际关系中胜出的"优秀教师"实际上只关注自己的事业和个体的荣誉。这不仅导致教师个体获奖的示范效应极其有限,而且造成了教师之间关系的紧张和分化。由此可见,教师个体获奖强化了个人主义,弱化了团队协作意识。显然,高职高专院校的教学质量提升必须依靠全体师生的共同努力,而不是几个教学名师、教坛新秀或几个获奖教师就能够实现的。教师个体获奖在提升教学质量上的效果不佳,不能将其作为考察教学质量内部监控信度的重要指标。

3. 学生评教

目前,学生评价也是我国高职高专院校在教学质量监控中比较重视的一项活动。学生评教的可靠性在西方国家已经遭到怀疑,有些高等教育机构已经取消了学生评教的权力。究其原因,首先,学生评教可能为学生提供发泄、报复和匿名攻击任课教师的渠道和机会。在缺乏正确引导的情况下,学生评教并没有形成健康批判的氛围。其次,学生评教对于教学质量内部监控并非总是起正向作用,学生评教并不能完全作为教学质量的有效证据,很多时候娱乐性而非教育性才是得到学生肯定评价的关键因素。具有挑战性的学习任务难以获得学生的“芳心”，而让学生“自我感觉良好”的学习任务又难以促进其能力的发展，这导致学生评教陷入一个两难境地。再次，学生评教只能体现一种单向性的视角，学生很少去反思他们在师生关系中应该发挥的主体作用。如今，学生评教已导致部分教师逐渐屈从于学生不负责任的匿名批评。因此，学生评教也不能成为考查教学质量内部监控信度的重要指标。

（二）提升高职高专院校教学质量内部监控信度的策略

提升高职高专院校教学质量内部监控的信度，首先，需要明确教学质量内部监控的“本源”。教学质量内部监控的“本源”在于人才培养的质量，即判断教学质量改进的核心指标应该定位于学生的全面发展和综合素质的整体提升。其次，需要培育健康民主的教学质量文化氛围。健康民主的教学质量文化氛围能够有效促进全员参与到教学质量监控活动之中，能够增强高等教育机构的各个部门、每个部门的教职员工的质量意识，督促他们严格把控好每个教学环节的质量关，而这正是教学质量内部监控全面落到实处的关键。[①] 再次，需要兼顾数据指标和经验判断。质量具有难以捉摸的属性，并不能用简易的方法进行衡量。从实践操作的视角来看，质量是一个相对主观的评价，难以通过客观的衡量标准确定其本质。教学质量内部

---

①俞继凤．高校教学质量监控的系统科学分析[J]．国家教育行政学院学报，2005(1)：68-70．

监控的实施者需要理解教学的本质和教学活动的复杂性，并时刻提醒自己数据指标并不能完全反映教学质量的变化与改进，通过借助已有的实践经验，尽量避免教学质量内部监控精于达到浅薄且毫无价值的目标。

二、高职高专院校教学质量内部监控的效度

高职高专院校教学质量内部监控效度主要指教学质量内部监控在提高教学质量、促进学生身心发展上的有效性程度，即教学质量内部监控的价值、效率、效果和效益究竟如何。其中，价值是指教学质量内部监控能否在教学质量提升过程中发挥价值引导和行为塑造的作用；效率是指教学质量内部监控能否以相对较少的人力、物力和财力投入，获得相对较大的人才培养质量的提升；效果是指教学质量内部监控的结果是否促进了教师教学水平与能力的提升，是否促进了学生学习水平和效果的改进；效益是指教学质量内部监控是否为学校师生带来了收益和发展，是否提升了教师的教学意愿和学生的学习热情，达到了此前没有达到的境界。①

（一）影响高职高专院校教学质量内部监控效度的问题

1. 监控效果的反馈渠道

目前，我国高职高专院校的教学质量内部监控更注重

---

①陈玉琨．论发展性高等教育的质量保障[J]．国家教育行政学院学报，2001(5)：11-14.

形式，而较少关注取得的实际效果。监控效果并非像管理人员所声称的那样，对人才培养质量产生了多方面的积极影响。究其原因，由于担心被制裁，教师趋向于主动迎合教学监控人员的意图。对于质量监控中出现的一些问题，教师们只在一些非正式场合才会透露出不满和愤慨。在质量监控中，很少有人敢于对权力说出真相，对监控的反对意见通常被简单地理解为对新事物的恐惧，教学质量内部监控已经使反对的声音保持缄默并促进达成"一致"和"共识"。很多时候，教学质量内部监控并未给高等教育机构的师生带来好处，反而与最基本的教育使命相矛盾。由于监控效果的反馈渠道不畅，监控者的行为导致了对立和不愉快的现象。教育质量内部监控的初衷在于规制混乱，结果反而产生了混乱。此外，由于教学监控活动的开展，教学经费流向了监控机制而不是改善教学活动。现行的监控成为一个耗时耗财的过程，限制了教学质量的改进。

2. 监控活动的阈限

目前，我国高职高专院校的教学质量内部监控对教师群体造成了严重的影响。囿于教学质量内部监控的种种限制，教师失去了对时间的掌控，并产生了相对较为严重的精神压力。监控产生的压力对教师的身心健康、创造性和产出率产生了诸多负面影响，焦虑和噩梦如影随形、难以祛除。作为教学质量改进最重要的主体，教师的内在精神在强势的教学监控下趋于崩溃。监控带来的焦虑和不安能够摧毁教师的专业承诺和忠诚，甚至到了摧毁绩效的程度。高职高专院校的教学质量内部监控活动已经超过了一定的阈限，正如鲍尔所言，对于教学质量内部监控而言，“唯一肯定的是它缺乏人性或弹性”，让教师表现出敌意、挫败、失望和对权力的欲望。实际上，不仅学生从教学质量内部监控活动中获得的学习利益有限，而且教师从中得到的也多半是惩罚和声誉上的损害。①

3. 监控的价值取向

目前，我国高职高专院校的教学质量内部监控的价值取向有所偏离。在 2002 年英国里兹的一场“质疑真相”演讲中，欧尼尔的一番话对于质量监控有着极大的启发意义：“如果我们不停地将植物拔出来确认它的根是否生长了，这样植物是无法生长茂盛的。同样的，如果我们总是不停地终止工作接受检查，来证明一切都是透明的和可以信赖的，那么这些行政组织、职业生涯也无法开展得如火如荼。”②监控价值取向的偏离导致教学质量内部监控无视教学规律，将其触手伸向了课堂，正常的教学秩序不断地受到冲击，最终陷于混乱。教学质量内部监控唯一的受害者正是教学质量自身。殊不知，高等教育机构的教学质量内部监控是要保障学校行政指令对学校教学活动的积极辅助性，学校各级指令不能打断正常的教育教学活动。

---

①[英]莫利. 高等教育的质量与权力[M]. 罗慧芳，译. 北京：北京师范大学出版社，2008：88.

②[英]莫利. 高等教育的质量与权力[M]. 罗慧芳，译. 北京：北京师范大学出版社，2008：106.

（二）提升高职高专院校教学质量内部监控效度的策略

为了提升高职高专院校教学质量内部监控的效度，首先，需要畅通教学质量内部监控效果的反馈渠道，营造宽松和谐的沟通氛围，通过多方协调消除监控主体与监控客体之间的隔阂。扭转教学风气，鼓励教师敢于承担责任，引导教师对教学质量进行理性的思考和讨论。其次，要拓宽教学质量内部监控活动的阈限，构建弹性化的缓冲机制，缓解教学质量内部监控对教师造成的压力。尽量避免以硬性的评价指标和评估模型对教师的教学活动进行衡量。引导教师关注教学活动，增强教师的教学意愿。再次，要纠正教学质量内部监控的价值取向，避免错误价值取向对教学规律的干扰。合理规划教学质量内部监控的方案，使其具有科学的理论依据、严密的逻辑关系和完善的操作程序，并且符合高等职业教育的教学规律，杜绝以监控活动取代教学活动。

第三章　高职高专院校教学质量内部监控的问题表征

高职高专院校教学质量内部监控的问题表征主要围绕高职高专院校教学质量内部监控的基本现状、存在的问题以及问题的成因等三个方面展开。其中，高职高专院校教学质量内部监控的基本现状主要从组织建设、制度建设和活动开展三个方面进行论述；高职高专院校教学质量内部监控存在的问题主要从标准和运行两个维度进行分析；高职高专院校教学质量内部监控问题的成因主要包括监控理念落后、缺位和失衡现象凸显以及监控长效机制的缺乏。

第一节　高职高专院校教学质量内部监控的基本现状

经过多年的理论探索与实践检验，众多高职高专院校已经建立了适应高等职业教育发展要求的教学质量内部监控体系。教学管理工作相对规范，教学信息反馈比较及时，为高职高专院校的人才培养质量提升提供了重要保障。

一、高职高专院校教学质量内部监控的组织建设现状

目前,我国高职高专院校的教学质量内部监控组织大致可以分为三级,分别是校级教学质量监控机构、学院(系)教学质量监控机构和教研室。首先,校级教学质量监控机构的组成包括主管教学的校长、校教学质量指导委员会和教务处。校级教学质量监控机构是教学质量内部监控活动的“脊梁”,尤其是作为代表学校行使教学质量管理职责的教务处,其所发挥的作用尤为突出。校级教学质量监控机构从整体上对学校的教学工作进行协调和督促,主要职责包括制订教学质量管理制度和方案;开展教学工作调查并对教学工作提供咨询服务;组织教学质量监控,评估各个院系的教学管理工作等。其次,学院(系)教学质量监控机构的组成包括专业建设指导委员会、系主任和主管教学的副主任等。学院(系)教学质量监控机构是教学质量内部监控活动的主体,其主要职责包括统筹管理本专业的教学计划,合理安排教学环节,统一开展教学检查;对学院(系)发展规划、专业和教材建设进行合理性论证,审订教学计划和大纲。再次,教研室在教学质量内部监控活动中发挥基础性的作用,其主要职责包括依照教学计划统筹管理各个教学环节的进程与质量,收集反馈信息并进行分析和总结,辅导学生的学习活动等。

我国高职高专院校的教学质量内部监控组织的特点包括以下四个方面:① 高职高专院校教学质量内部监控具有三个层级,教学信息在其间的传递要经历多个层次。三

层级的组织设置使信息传递的时间相对较长，信息的真实性与准确性难以得到保证，这势必会对教学质量内部监控活动的开展产生一定影响。② 高职高专院校大都没有设置独立行使教学质量内部监控的机构，教学质量内部监控属于教务处下属科室的一项工作。教务处在教学质量内部监控活动中扮演着重要角色，各个学院（系）主动监控教学质量的意识较为淡薄，各学院（系）在教学质量内部监控活动中处于相对被动的地位。③ 教师组织和学生组织参与教学质量内部监控的积极性不高。教师和学生作为教学活动的主要参与者，他们在教学质量内部监控活动中的作用没有充分发挥，教师评学与学生评教的效果有待进一步提升。④ 从教学质量内部监控组织运行的角度来看，高职高专院校的教学质量内部监控大都采用“主管教学校长→教务处→学院（系）主管教学主任→教研室”的模式，这种模式的运行特点有两个：一是“单向”，二是“不封闭”，即这种模式只有从指令到执行的一次传递。

二、高职高专院校教学质量内部监控的制度建设现状

高职高专院校教学质量内部监控的制度建设主要包括常规教学制度建设、教学督导制度建设和教学信息反馈制度建设。

（一）常规教学制度建设

常规教学制度一般用于规范高职高专院校的教学活动，主要涉及教学基本要求和教学运行方式类的文件。大部分高职高专院校都将现行常规教学制度的重点定位于

课堂教学和教师管理，而对于学生参与评价和评教、管理人员和教辅人员的工作岗位职责等问题并没有明确规定。部分高职高专院校制定了比较详细且全面的常规教学制度，但各个部门之间的整体协作方式并未很好的体现。高职高专院校各个院系的主要职责在于教学，而职能部门主要职责在于管理。一方面，各个院系的教学问题不能在院系内部进行自行解决，需要更高层次的职能部门出面协调；另一方面，职能部门的意见与建议对于各个院系实际情况的适用性有待商榷，更遑论意见与建议的有效落实了。

（二）教学督导制度建设

我国高职高专院校内部开展教学督导的历史较短，在高等职业教育快速发展的今天，加强教学督导已成为高职高专院校教学质量内部监控体系建设的必由之路。制定合理的教学督导工作制度是保障教学督导质量的前提条件。目前，部分高职高专院校组建了符合高职高专院校实际情况的教学督导体系，并制定了相应的教学督导工作规则，以校规的方式确定了教学督导工作的指导思想和工作目标、教学督导工作所要遵循的原则与处理方法、教学督导员的聘任规则、教学督导员的责任和职权、教学督导机构的组成与职责以及教学督导员考核制度等，把教学工作做到科学、规范，以此来推动高职高专院校教学工作向前迈进。教学督导制度保证了日常教学工作的质量，大部分高职高专院校的教学督导团队由退休的老教师担任，他们尽职尽责、兢兢业业，但是督导方式相对单一，且以随堂听课为主。这种教学督导模式容易给青年教师带来较大的压力，使他们产生自身能力尚未得到学校认可的错觉。因此，教学督导人员可以采取更加多样化的督导方式，而非单一的课堂听课。

（三）教学信息反馈制度建设

高职高专院校的教学质量内部监控工作需要建立反馈制度和独立的信息反馈机制。目前，我国的高职高专院校已经意识到教学信息反馈的重要性，建立并不断完善各自的教学信息反馈机制。一方面，高职高专院校采取书面反馈、座谈会交流等方式，及时与被评价者进行交流与沟通，充分听取被评价者对教学工作的思路、对课程教学方案设计与实施的想法，由此促使被评价者进行相关的调整和改进，提高工作效率和教学效果。另一方面，高职高专院校利用先进的现代信息技术进行信息的收集和反馈，比较常见的是广大学生参与的网上测评。无论是利用常规的手段收集反馈信息还是利用现代信息技术收集反馈信息，都需对反馈信息的真假进行辨别、整理和分析，以便合理利用反馈信息，为解决教学实践中的实际问题提供便利，最终达到提高教学质量的目的。

三、高职高专院校教学质量内部监控的活动开展现状

高职高专院校教学质量内部监控的活动开展相对丰富和多样，具体而言，主要包括教学检查活动、教学评议活动和课堂听课活动。

（一）教学检查活动

高职高专院校的教学检查由阶段性检查、随机性检查和针对性检查组成。其中，阶段性检查是指学期初、学期中和学期末的集中检查。在具体的教学实践中，学期初的检查侧重于高职高专院校教学活动的准备工作；学期中的检查侧重于各个部门和相关教研室教学计划的执行程度、教学任务的落实与完成、教师与学生的表现、教学软硬件设施的配备状况、受教育者的学习成果进行深入了解；学期末的检查侧重于各教学单位学期工作的完成情况和期末考试的组织落实情况。随机性检查虽然具有随机性，但绝非漫无目的、随心所欲的检查，它是根据不同时期的重点，并结合高职高专院校的实际情况进行的安排和要求。针对性检查主要是专项检查或专项调研，其检查或调研内容一般为实践教学检查、教学纪律检查、教案检查、试卷检查和学生作业检查等。此外，为了保障教学检查工作的落实，诸多高职高专院校的教学质量监控部门都制定了相应的检查制度，每学期结合自身的具体情况开展常规检查和重点检查，了解教学活动的进程，全面检查教学活动的质量。

（二）教学评议活动

高职高专院校的教学评议活动主要包括三个方面，分别为对教师的授课活动进行评议、对学习者的学习状况进行评议以及对学校的教学管理进行评议。高职高专院校的评议活动具有诸多益处，借助评议可以对教学质量进行监控，有助于教学质量内部监控体系的建立。评议活动具有多种形式，例如学生之间的学生评议、教师之间教师评议和同行之间的同行互评等。教学评议活动可以由学校质量监控保障部门组织开展，也可以由院系组织开展；既可以在学期中进行，也可以在学期末进行。此外，高职高专院校设有学生信息员或者教学信息员，用于帮助完善教学评议活动。高职高专院校的教学评议活动一般以学校专家、同行互评和学生评教等形式进行，评议结果主要有优秀、良好、中等、合格和不合格五个等级。对于评议优秀的教师给予奖励，对于评议不合格的教师则会给予惩罚或者批评。

（三）课堂听课活动

为了保障课堂教学的质量，我国的高职高专院校普遍开展了课堂听课活动，课堂听课活动已成为教学质量内部监控的重要活动形式，其实施主体一般由学校领导班子及相关的工作人员组成。课堂听课活动对于教学质量的提升有着很大的推动作用。一方面，各高职高专院校听课小组活跃在教学前线，在教室或者训练场进行听课，依靠听课和课堂教学评价来对教学质量进行深入了解，不仅有利于增强高职高专院校的教学管理，而且有助于检查理论和实践教学的效果。另一方面，课堂听课活动有利于帮助新任教师提高教学质量，为新任教师提供学习借鉴和观摩的机会。利用教师间的互相听课，促进彼此间的学习借鉴，有利于创新教学方法和总结教学经验。因此，诸多高职高专院校对教学质量监控人员的听课次数、听课方式和评价标准等都做了明确的规定。因地制宜、因时而异，对不同的课程采取不同的课堂听课方式。

第二节　高职高专院校教学质量内部监控存在的问题

一、高职高专院校教学质量内部监控标准存在的问题

高职高专院校教学质量内部监控标准存在的问题主要体现在三个方面：高职高专院校教学质量内部监控的目标缺乏系统性，教学质量内部监控的标准异化以及教学质量内部监控的岗位职责标准模糊。

（一）高职高专院校教学质量内部监控的目标缺乏系统性

从高职高专院校教学质量内部监控目标的角度分析，高职高专院校教学质量内部监控目标较为分散，且缺乏系统性。具体而言，首先，教学质量内部监控的总目标与各个分目标之间的联系不够紧密，各个分目标之间关系也尚未厘清，即没有通过教学质量内部监控把人力、物力和财力等资源统筹起来。其次，教学质量内部监控目标较为笼统，验证目标的数据和信息也不易获取，目标系统性的缺失导致监控的时效性不足和针对性不强，进而导致教学质量内部监控执行不力和落实不到位，教学质量内部监控出现了流于形式的现象。再次，教学质量内部监控目标的分

散进一步导致高职高专院校大都囿于传统的监控模式，即教学质量监控多集中于教学输入环节和教学输出环节，而对教学过程缺乏有效的监控。最后，教学质量内部监控目标系统性的缺失导致高职高专院校偏重于对课堂教学的监控，而对实践教学环节监控的重视程度不够。

（二）高职高专院校教学质量内部监控的标准被异化

目前，部分高职高专院校以加强绩效管理为名义，十分重视评价方式和评价管理，强调发挥评价的标准鉴定和成绩奖励功能，基于此对被评价者进行排名和量化管理。这违背了教学质量监控标准的初衷，将其简化为学校教学管理的工具和手段，淡化了教学质量监控的诊断功能、导向功能、激励功能和改进功能。教学质量标准的异化限制了教师的专业发展，妨碍了教师在教学活动中甄别优劣能力的发挥，更加不利于优秀管理办法、教学方法及成果的推广。

（三）高职高专院校教学质量内部监控的岗位职责标准模糊

高职高专院校的教学活动需要多个职能部门的参与，也需要每个职能部门的工作人员按照岗位职责标准落实岗位责任，唯此才能更好地服务教学活动，激发教师的教学意愿和积极性，保证高职高专院校的整体育人质量。然而，高职高专院校在制定教学质量内部监控的岗位职责标准时，没有贯彻全面、全员、全过程的系统管理理念，由此导致职能部门对教学质量标准的理解存在偏差，认为教学活动只与教师和学生有关，缺乏对自身岗位及岗位职责的正确认识。此外，岗位职责标准的模糊导致贯穿教学过程始终的监控制度的缺失，学生评教制度、信息收集与反馈制度、定期评价制度等都不够完善，教学质量内部监控的执行力不够，监控活动的主观随意性较大，由上而下的贯彻执行难以顺利展开。

二、高职高专院校教学质量内部监控运行存在的问题

高职高专院校教学质量内部监控运行中存在的问题主要体现在三个方面：学生参与程度较低，信息运行机制不完善以及监控的反馈落实不够。

（一）学生参与程度较低

目前，我国的高职高专院校在教学质量内部监控中大都十分重视教师的作用，却忽视了学生群体。高职高专院校把教师视为决定教学质量高低的主体，认为只要建设一支素质过硬、结构合理的双师型教师队伍，教学质量就有了保障。殊不知教学质量的最终目标应以学生的进步与成才为标准，教学质量内部监控的最终目标也应如此。这是教学质量内部监控中的一个误区，因为它忽视了学生在教学质量内部监控中的信息反馈作用，不利于高职高专院校实施针对性较强的整改措施。虽然有些高职高专院校在教学质量内部监控中兼顾了教师和学生这两类主体，但是其反馈标准却只关注教师教学设计的完整程度和教学的完成程度，并未对学生的学习积极性和主动性、师生课堂内外的教学互动等给予足够重视。由此可见，高职高专院校教学质

量内部监控没有形成全员参与的局面,没有调动所有参与者的积极性,从而导致教学质量内部监控中一些项目和标准的改变缺乏计划性,教学质量的改进缺乏持续性,教学质量的监控效率不高,对新情况的适应能力相对较弱,并在一定程度上影响了高职高专院校教学质量的提升。

(二)信息运行机制不完善

一方面,在高职高专院校教学质量内部监控活动中,信息的收集和信息的反馈相对滞后,因而出现了“监而不控”和“监不能控”的现象。另一方面,教学质量内部监控相关信息的收集缺乏制度保障,导致收集的信息不够全面,许多高职高专院校对人才市场和用人单位的信息反馈以及往届毕业生的信息反馈缺乏应有的重视。除此之外,信息运行机制的不完善还带来了对教学质量内部监控的监控(元监控)缺失。目前,囿于残缺的信息,高职高专院校难以对教学质量内部监控是否符合学校自身的需求做出正确判断,同时也缺少有关监控流程和监控效果评价的信息来源,由此导致教学质量内部监控出现问题之后不能及时调整,严重影响监控体系的顺畅运行。

(三)监控的反馈落实不够

高职高专院校教学质量内部监控的目的在于更好地反映教学过程中出现的问题,以便通过及时调整来保障教学质量。然而,高职高专院校教学质量内部监控中的诸多反馈信息却流于形式。首先,学生的评价信息大多以分数或者等级的形式反馈给教师,学生反映的教学意见、要求和建议甚至包括对教师的肯定性评价都被学校的职能部门做了选择性的忽略。其次，教学质量内部监控的反馈信息缺少条理性的分类、整理和归纳，监控机构只是简单地将数据和等级呈现给教师和学生，教师和学生难以在孤立单调的数据和等级评定中获取切实可用的有效信息，甚至产生误导和负面影响。比如教师倾向于将学生的评教分数和等级与师生之间的关系联系起来，与此同时，笼统的反馈信息使教师难以找出教学的薄弱环节，也就无法采取针对性较强的改进策略。

第三节　高职高专院校教学质量内部监控问题的成因

高职高专院校教学质量内部监控问题的成因主要包括以下三个方面：高职高专院校教学质量内部监控的理念落后，教学质量内部监控存在缺位和失衡以及教学质量内部监控缺乏长效机制。

一、高职高专院校教学质量内部监控的理念落后

我国部分高职高专院校的教育质量观念比较陈旧，教学管理理念和方法也并未伴随高等职业教育规模的扩张而发生相应的更新和改变，从而使得教学质量内部监控体系不能及时改进和优化，并导致教学质量内部监控体系问题频发。具体而言，首先，高职高专院校对教学质量内部监控工作的重视程度不够，只求其有，不求其质。有些高

职高专院校仅仅开展了常规性的教学评价工作，而且评价程序欠缺规范性，评价方式较为单一。由于缺乏系统性的评价组织和专业化的信息处理工具，导致评价数据缺乏科学性，教学质量内部监控和评价的作用不能真正发挥。其次，高职高专院校缺乏教学质量内部监控意识，对教学质量的评价多、监控少。目前，虽然高职高专院校在教学活动的多个环节设置了相应的评价手段，但却鲜有合理的监控举措。监控是评价的基础，在缺乏监控制度和体系的前提下，评价信息的搜集难度加大，而信息的处理周期却被拉长，教学评价变得被动、间断和烦琐，无法形成常态化和制度化的评价体系。再次，高职高专院校盲目套用普通高等教育机构的评价模式，没有考虑自身的办学特色和监控特点，缺乏贴合高等职业教育实际的监控和评价。

二、高职高专院校教学质量内部监控存在缺位和失衡

目前，高职高专院校的教学质量内部监控体系存在严重的缺位和失衡现象。缺位现象主要表现为制度缺位和机构缺位。一方面，制度缺位主要是指高职高专院校根据教育主管部门的规定或学校的实际情况制定了一系列的规章制度，但在学院（系）层面却敷衍了事，只是用于应付检查，并未具体落实相关制度，更没有按照学院（系）的教学实际制定提升教学质量的举措。此外，制度的执行掺杂太多人为因素的影响，对违反规章制度者采取就人论事的处理方法，教学质量内部监控的规章制度沦为一纸空文，并未有效发挥制度的约束作用。另一方面，机构缺位主要

是指缺乏专业化的、职能健全的组织机构，以及科学可行的、具有机构特色的教学质量内部监控指标体系。具体而言，高职高专院校的各个职能部门并未有效发挥教学质量内部监控的作用。如学院（系）是高职高专院校的教学基层部门，学院（系）的教学组织、教学实施和教学管理在保障高等职业教育质量的过程中发挥十分关键的作用。建立学院（系）层面的教学质量内部监控与教学评价机构，能够从微观层面对教师的教学质量进行更加全面的监控和更加准确的评价。然而，现实中很少有高职高专院校建立学院（系）层级的教学质量监控与教学评价机构。

高职高专院校教学质量内部监控的失衡现象主要包括：第一，对理论教学环节的监控较为重视，而对实践教学环节则缺乏必要的监控活动；第二，对课堂教学环节的监控较为重视，而对其他教学环节和教学过程的监控力度不够，教学检查也存在不到位的现象；第三，对教师课堂教学情况的监控较为严格，而对学生学习情况的监控相对较少；第四，对教师教学水平、教学效果的监控较为重视，而对教师综合素质和整体能力的监控相对较少等。

三、高职高专院校教学质量内部监控缺乏长效机制

高职高专院校教学质量内部监控缺乏长效机制主要表现在管理职责分工不明确和对监控效果的反馈相对滞后两个方面。就管理职责分工不明确而言，首先，高职高专院校职能部门的管理人员没有很好地履行教学质量内部监控的职责。学校各级领导大都忙于应付日常的工作

安排,用之于教学质量内部监控的时间相对较少,疏于对教学质量内部监控工作的研究。高职高专院校职能部门的管理人员大都认为教学质量由教师决定,管理者只是起辅助作用,发挥的作用不大。这种认识上的误区也使得管理者在学校教学质量内部监控中容易出现怠慢。总之,高职高专院校职能部门管理人员的素质结构、水平以及他们的教育思想观念影响着他们对教学质量内部监控职责的履行。其次,学校与各学院(系)之间的关系没有完全理顺,各学院(系)在教学质量内部监控中的主体性、独立性并未完全体现。由于一些高职高专院校的职能部门既抓宏观调控,又兼顾具体事务,使得各学院(系)在教学质量内部监控中缺乏积极性和主动性,阻碍了各学院(系)独立自主地开展教学质量内部监控,影响了教学质量的提升。

就监控效果的反馈相对滞后而言,高职高专院校对教学质量内部监控过程中发现的问题缺乏及时反馈、跟踪验证和应对策略,经常出现上一年度检查和评估出现的问题在下一年度依然存在的弊端。高职高专院校运用教学质量内部监控体系的目的往往只停留在发现问题的层面,却很少关注引发问题的原因以及解决问题的策略。不但没有及时反馈问题,使问题延续周期较长,而且缺乏对问题的跟踪验证,甚至将问题束之高阁。此外,高职高专院校缺乏极具针对性的解决措施,无法将问题落实到具体单位和个人,相应的责任也难以追究。由此导致教学质量内部监控的效果不明显,随着高职高专院校日常事务的开展,对教学质量内部监控活动的重视程度也在逐渐降低。

第四章　国外高职教育教学质量内部监控体系的建设及启示

研究国外高职教育教学质量内部监控体系具有重要的借鉴意义，能够为我国高职高专院校教学质量内部监控体系的构建提供参考和建议。本章主要选取英国、德国、澳大利亚和日本等四个国家作为研究对象，分别从教学质量内部监控的内容、程序和特点三个方面考察各个国家高职教育教学质量内部监控体系的建设情况，并基于此归纳和总结了对我国高职高专院校教学质量内部监控体系建设的启示。

第一节　英国高职教育教学质量内部监控体系的建设及启示

20 世纪 90 年代初，英国通过立法的形式将教育标准局(Office for Standards in Education)从教育部独立出来。教育标准局遂成为英国政府对整个国家的教育质量进行监控的权威机构。教育标准局制定了“共同评价框架”(the Common Inspection Framework)，以此作为高等职业教育教学质量内部监控和外部监控的评价标准。[①] 由此可见，英国高等职业教育教学质量内部监控与外部监控在评价标准上具有统一性。所谓教学质量外部监控，主要指建立完善的职业资格证书监控体系和实施独立的第三方评估制度。其中，第三方评估是指英国政府设立专门机构、组织专门人员对各高等职业教育机构的教学质量进行监督、检查和评估，以促进职业教育教学质量的提升，同时将评估结果作为划拨款项和社会宣传的依据。所谓教学质量内部监控，是指各高等职业教育机构构建了"高于外部评估标准、过程与结果并重"的内部教学质量保障体系。各高等职业教育机构通过设置专门部门，组织专业人员对本校教学情况进行监督、检查和评估等，改进教学方法，提升教学质量。教学质量内部监控的评价标准、评价内容和评价方法都将在职业院校、行业和社会上公开，评价结果将作为教学质量外部监控的佐证材料。教学质量内部监控体系的建设已成为英国高等职业教育机构的一项日常管理活动，借此实现自我监控、自我改进和自我发展。这种"以外促内"的高等职业教育教学质量监控模式不仅保障了高等职业教育机构的自主权和自治权，而且促进了教学质量内部监控和外部监控的有效对接与优势互补，并进一步推动了英国高等职业教育的发展和高等职业教育质量的提升。

---

①OFSTED. Common inspection framework for further education and skills 2009 [EB/OL]. http://www. ofsted. gov. uk/resources/common-inspection-framework-for-further-education-and-skills/.

一、英国高职教育教学质量内部监控体系的建设

（一）英国高职教育教学质量内部监控的内容

英国高等职业教育教学质量内部监控主要包括四个方面，分别为：总体效能、学习成果、评价质量和管理效能。[①] 教学质量内部监控的依据源自 2012 年 9 月开始实施的《继续教育与技能培训评价手册》。具体而言，总体效能的监控依据主要是指职业院校在满足学生和用人单位需求方面的有效性。学习成果的监控依据是学生学习目标实现的情况、进步程度、经济和福利改善状况以及对社区的贡献等。评价质量的监控依据主要包括教与学的实施状况及效果、教学手段的运用、为学生提供指导的有效性以及学生需求的满足程度等。管理效能的监控依据主要包括安全保卫、平等与多样化和资源管理等。

在教学质量内部监控的四个方面中，每一方面的监控标准都由三部分构成：指导性问题、评价性陈述和评定的等级特征描述。每一方面的监控结果都划分为“优秀”、“良好”、“需要改进”和“不合格”四个等级。[②] 每一个等级的描述都要遵循细致合理、条理清晰、重点突出等原则，以确保具有较强的可操作性和可行性，从而可以为教学质量内部监控的顺利开展提供明确指导。教学质量内部监控

①吴雪萍，金晶．英国职业教育质量评价探究[J]．比较教育研究，2013(2)：87-91.

②OFSTED. Common inspection framework for further education and skills 2009 [EB/OL]. http://www. ofsted. gov. uk/resources/common-inspection-framework-for-further-education-and-skills/.

不仅需要按照四个评定等级给出结论，而且需要形成内部监控报告。内部监控报告是对学校内部监控过程的总结，需要清楚地反映每一项证据的来源，应用于哪项评价指标以及应采取的改进措施等内容。内部监控报告一般包括导言（自评院校概况介绍）、总的等级汇总表、等级评定表、课堂观察活动等级评定情况记录，以及“学习成果”、“评价质量”和“管理效能”三方面等级评定情况记录等。具体而言，内部监控报告主要包括《自我评估报告》和《质量改进计划》。其中，《自我评估报告》是指高等职业教育机构每年对每位教职员工进行一次绩效考核。考核指标有成功率、出勤率及其他附加值。同时，高等职业教育机构每年对每位教师进行一次教学情况（含专业教学和其他学习活动）的视察和评分，其结果作为教师绩效考核的依据之一。具体而言，成功率是指学生保有率（完成学业的学生人数占入学人数的比例）乘以通过率（通过职业资格考核的学生人数占入学人数的比例），成功率一般按专业计算，通过与国家平均水平对比即可得出任课教师的评估结果。出勤率是指上课（或参加其他学习活动）的学生人数占总人数的比例。附加值是对每位学生与起点（取得成就之前）相比进展情况的考核，学生和雇主的反馈信息也作为绩效考核的重要依据之一。《质量改进计划》是指根据自我评估报告中指出的问题，拟定提高绩效所采取的行动方案。一份完整的《质量改进计划》必须包括明确的行动细则和时间表。

（二）英国高职教育教学质量内部监控的程序

英国高等职业教育教学质量内部监控注重连续的过程性评价，合理的数据收集和分析是教学质量内部监控的重要基础。收集的证据应符合相关性、有效性、真实性、充分性、连贯性和可靠性等要求。收集证据的过程紧紧围绕五个关键问题进行：① 学习者学业成就如何；② 教学和培训效果如何；③ 教学项目和教学活动是否符合学习者的利益和需求；④ 学习者获得指导和帮助的状况如何；⑤ 在提升学业成就和帮助学习者方面的领导和管理效度如何。教学质量监控报告的内容也必须涉及以上五个关键问题，且务必要求对每一个关键问题做出评价与判断。

具体而言，英国高等职业教育教学质量内部监控程序主要包括：相关证据和数据的收集与分析、评价等级的确定、评价后的信息反馈工作、自我评价报告的撰写、改进行动方案的制定和评价后改进工作等。教育质量内部监控的具体实施步骤主要包括：第一步，启动教学质量内部监控并决定如何开展监控。由校长主动采取行动，任命高级管理人员对教学质量内部监控进行协调，建立教学质量内部监控小组，并对小组成员进行所需监控技能的培训。制定教学质量内部监控的指导性原则，确定具体的监控方法和监控日程安排表。第二步，收集证据并做出评价判断。主要由信息管理系统和其他人员向监控小组提供信息，监控人员在收集证据的基础之上对证据做出评价，通过评价判断来评定等级。第三步，撰写小组自评报告并进行验证。小组自评报告的撰写主要包括评价结果的客观描述和行动改进方案的撰写，验证主要涉及评价判断和评定等级的协调与验证。第四步，教学质量内部监控最终报告。通过对各领域的自评报告和总的自评报告进行校对，并送呈协调小组、学术委员会审核，形成教学质量内部监控最终报告。第五步，批准自评报告并改进行动方案。教学质量内部监控最重要的目的不是为了评价，而是为了改进。自评报告经教学质量管理小组或学校各个委员会批准之后，实施行动方案，与院校发展战略和其他计划相联系，对行动方案进行评价和修订。改进方案重点关注需要改进的领域，并根据事情的优先程度落实各项行动。行动方案的制定应具体化，针对每一项行动，必须明确“哪些需要做”“由谁去做”“何时完成”“需要哪些资源”等问题。①

（三）英国高职教育教学质量内部监控的特点

（1）标准统一，强调监控结果的可比性。英国教育质量标准局制定了“共同评价框架”，以此作为高等职业教育教学质量的监控标准和监控依据。框架中的每一方面都囊括了指导性的问题，并对不同等级进行了具体的特征性描述。这既有利于监控人员在监控标准的指导下开展监控工作，也有利于高等职业教育机构找到工作的重点和努力的方向。英国的高等职业教育监控标准将能力改进作为单独的一项指标，突出了监控的重点，有利于高等职业教育机构实施改进行动。英国的高等职业教育监控标准

①FEFC. Effective self-assessment: report from the inspectorate 1998-99[EB/OL]. http://dera.ioe.ac.uk/3450/.

除了分项评价指标外，还有总的效能评价指标，系统地反映了高等职业教育机构的基本教学资源、教学管理状态、教学质量水平、改进能力以及教学效果等。由于教学质量内部监控与外部监控依据的是同一套评价标准，评价的内容和评定等级的参考标准具有统一性，因而教学质量内部监控的结论具有可比性。对内部监控和外部监控结论的对比分析可以判断高等职业教育机构内部监控结论的准确性，从而有利于提升高等职业教育机构的教学质量内部监控水平。

(2) 以生为本，重视对学生学习效果的监控。学生发展是教育质量的根本体现，是一切教育活动的终极目标。英国高等职业教育教学质量内部监控充分体现了以学生为本的理念。教学质量内部监控标准的制定以“学生发展与成就”为核心，遵循学习者利益最大化的原则，比如“学生的安全感”这一方面的等级评定往往对总体效能的等级评定产生直接影响；被评院校是否贯彻学生利益最大化原则是影响“管理效能”等级评定的重要指标。“学习成果”也是质量评价的一项重要指标。学生是教育质量提高的直接受益者，对高等职业教育机构的办学状况具有切身体验，学生的观点和意见历来是教学质量内部监控的主要证据来源之一。[①] 英国高等职业教育教学质量内部监控十分关注学生的需求和利益，紧紧围绕共同评价框架中的关键

---

①LSC. Quality improvement and self-assessment [DB/OL]. http://readingroom.lsc.gov.uk/lsc/2005/quality/goodpractice-improvement-self-assessment.pdf.

议题展开。每一个议题的设计皆以学生为中心，针对学生的学习效果、学生在学习过程中得到的指导与帮助、教学活动对学生利益与需求的满足情况等开展教学质量内部监控。内部监控工作的整个过程倡导以学习者为中心，无论在内部监控实施前，还是在实施过程中都重视听取学生的观点或建议。英国在 2012 年的“共同评价框架”意见征询稿中明确指出，教学质量内部监控应重点关注对学生学习成果产生重大影响的方面，对教学的监控应该更加细致，要提高教与学监控的标准。

(3) 程序透明，确保监控过程的独立性和权威性。英国高等职业教育教学质量内部监控的结果和报告在监控结束后按照规定的期限公开发布在网上。所有对教育质量感兴趣的组织和个人都可以从国家教育标准局的官方网站上获得特定高等职业教育机构的监控报告。教学质量内部监控活动采取全纳的方法，有关教学质量内部监控的通知会提前告知全体教职员工、学生和相关雇主，确保监控程序的透明性。以“教职员工发展日”为例，为了使高等职业教育机构的教职员工主动融入教学质量内部监控活动中，专门的培训机构在“教职员工发展日”这天对教职员工开展培训，以增强他们的监控意识，促进监控活动的有效开展。另一方面，教育标准局是英国教育质量监测的权威机构。该机构直接对议会负责，具有较大自主权。教育标准局所需的经费由相关部门拨付，保证了教育监控的中立和公正。教育标准局主要负责评价框架的制定和修改、评价政策的修订以及对评价机构和评价人员的质量进行监控。这种机制既保证了监控活动的独立性,又维护了监控的权威性,确保了教学质量内部监控的高质量。为增强监控的有效性,教育标准局在督学的招聘和选任方面设立了一套严格的程序和制度。监控任务公布之后,在全国范围内招聘注册督学。注册督学成功竞标后将与标准局签订合同,全面负责组织和管理监控督导活动。督学的招聘与选任在一定程度上保证了教学质量内部监控的公开性和公平性。①

二、英国高职教育教学质量内部监控体系的启示

高等职业教育教学质量内部监控要突出监控的激励与导向作用。目前,我国高等职业教育机构教学质量内部监控体系的监控指标比较全面完整,但缺乏综合性的指标,教学质量内部监控标准在等级区分、指标量化、指导性问题设计等方面有待进一步完善,监控标准的科学性、可行性、合理性和可操作性有待进一步增强。与此同时,还应建立办学经费与教学质量的关联机制,对教学质量好的要加大经费投入,对教学质量差的要减少资金支持,充分调动并引导高等职业教育机构树立牢固的以质量为核心的办学理念。鼓励行业协会、第三方评估机构参与高等职业教育教学质量内部监控,使监控程序更加客观公正,监

①OFSTED. Handbook for the inspection of further education and skills from September 2009[DB/OL]. http://www.ofsted.gov.uk/ofsted-home/Forms-and-guidance/Browse-all-by/Other/General/Handbook-for-the-inspection-of-further-education-and-skills/.

控结果更具权威性。

高等职业教育教学质量内部监控要强化监控的自我评价作用。我国的高等职业教育机构在过去很长一段时间内处于“被动评价”的状态，主动评价意识不强，自我评价机制建设相对落后。因此，高等职业教育机构要加强自我评价意识，注重自我评价建设，将“要我评”转变为“我要评”，将自我评价机制作为高等职业教育机构教学质量内部监控的一种有效手段，通过强化自我评价实现内部监控和外部监控相互补充和共同联动。加快建立自我评价动态机制，充分发挥评价的问责功能与改进功能，将自我评价内化为高等职业教育机构教学质量内部监控的经常性工作，形成一种建设性的自我评价和不断改进的管理文化氛围。需要注意的是，自我评价过程不仅要有全体教职员工的积极参与，还要有行业、用人单位等的参与，这样才能保证评价结论更加符合实际情况，自我评价报告反映的情况更加真实，从而更加有利于教学质量内部监控体系的构建。

高等职业教育教学质量内部监控需进一步强化以学生为中心的理念。监控的目的是改进和提高人才培养质量。学生的学业成绩、学习效果与教学质量密切相关。学生是教学质量内部监控的直接利益相关者，也是教学质量提高的直接受益者。学生发展是教学质量的根本体现，是一切教育活动的目标。我国的高等职业教育机构在教学质量内部监控活动中应该树立“以学生为本”的监控理念，并将这一理念真正贯穿于教学质量内部监控过程的始终。[①] 借鉴英国的做法，在学生的各个学习阶段记录相关数据并存档，使其成为监控的重要证据来源，逐步建立和完善学生评价体系，做好学生评价信息的科学梳理和科学分析工作，充分尊重学生的主体地位。

高等职业教育教学质量内部监控需充分利用信息化手段。英国高等职业教育教学质量内部监控强调以充分的、准确的、第一手的、有效的证据和集体的、专业性的判断来保证监控结果的公正性和客观性。高等职业教育机构自我评价报告的背景材料分析、同行评价报告、质量保障监控记录以及教育标准局的数据库也为保证评价结论的真实性和有效性提供了重要的证据支撑。教育标准局官方网站上的“数据视图”以可视化的方式对数据进行分析，效果更加直观；公开的电子化动态数据库便于随时更新和查阅，为高等职业教育机构提供了相互交流探讨和相互学习提高的平台。[②] 为了保证教学质量内部监控数据的真实性、完整性和规范性，我国的高等职业教育机构应该加强教学质量内部监控的信息化建设，构建常态化的数据采集平台，形成常态化的数据采集机制，把指标体系变成网络数据库系统。遵循监控指标体系的规定，把学校的日常教学和实践活动录入到数据库，形成一个完整的数据库

①刁晓明.英国高等职业教育 SQA-HND 教学质量保障体系特点及其启示[J].职教论坛，2013(15)：87-90.

②王庆.英国职业教育质量保障体系的特点及启示[J].中国成人教育，2014(17)：131-133.

系统。结合信息化建设的契机，我国的高等职业教育机构需进一步加强教学质量内部监控方法和手段的改革，提升信息化水平，提高教学质量内部监控的科学性和工作效率。

第二节　德国高职教育教学质量内部监控体系的建设及启示

德国高等职业教育发源于20世纪60年代末期。基于国家对高级应用型技术人才的渴求和技术革新的需要，联邦德国于1968年10月通过了《联邦共和国各州统一专科学校协定》，决定在已有的中等技术教育基础上成立高等专科学校(FH，现为“高等技术学院”)，以提升技术教育人才培养的层次和规格。70年代初，德国又建立了职业学院(BA)，职业学院与高等专科学校共同构成了德国的高等职业教育体系。1985年，联邦会议通过了《德国高等教育法》，确认了高职高专教育在德国高等教育中的正统地位。综观世界各国高等职业教育发展状况，德国高等职业教育无疑是相对成功的。“在德国教育事业中，没有哪个领域像德国职业教育体系那样在国际上引起人们如此强烈的兴趣……我们的双元制职业教育体系毫无争议地是一个极具重要意义的立足因素。”①通过对德国高等职业教育发

①[德]克里斯托弗·福尔.1945年以来的德国教育:概览与问题[M].肖辉英，译.北京:人民教育出版社，2002:170.

展模式的考察，可以发现，坚持严格的质量观是其获得成功的关键因素。德国高等职业教育的高质量观与其高职教育教学质量内部监控体系的建设密切相关。

一、德国高职教育教学质量内部监控体系的建设

（一）德国高职教育教学质量内部监控体系的内容

德国高职教育教学质量内部监控体系通过制度设计、组织设置和标准制定等举措，保障高等职业教育机构教学质量内部监控体系的有效运行。正确理解并准确把握德国高职教育教学质量内部监控体系的内容，可从监控制度体系、监控组织体系和监控标准体系等三方面进行分析。

（1）教学质量内部监控的制度体系。1998年，德国对职业教育体制进行了相对全面的改革，将三百余种职业的教育培训进行细化，在取消学科制的同时创建“学习领域”制，从法律层面对职业教育进行约束和规定，从而使德国高等职业教育机构的职责日趋明确，高等职业教育教学质量内部监控体系的运行机制也日趋清晰。一方面，《州学校法》规范了高等职业教育机构的办学行为，涵盖了学校的使命与任务、举办者及其法律地位、学校教育分类与学校类型结构、学校各法律关系主体及其权利、学校人事和财务以及国家对学校的监督等。另一方面，针对各专业制定《框架教学计划》，保证高等职业教育机构各专业教学的正常实施。德国各州文教部长联席会议（KMK）颁发的手册中包含了高等职业教育机构的教学任务指示，高等职业教育机构的教学活动基于具体的职业行动及相应的思想

活动，注重由反馈所引起的行动计划设计、行动计划实施及行动计划结果，从而有助于提高学生的思维能力和加强学生的个性发展。通过引导学生对相关职业领域工作任务的深入思考，使学生具备运用已有知识研究问题和解决问题的工作能力，促进学生的全面发展。

（2）教学质量内部监控的组织体系。为了保障教学质量内部监控工具的有效性和可靠性，德国的高等职业教育机构不仅对学校内部人员在工具开发方面做了要求，而且吸收了校外专业人员的参与。[①] 因此，德国高职教育教学质量内部监控体系的组织保障不仅包括高等职业教育机构，而且还涉及校外的机构。具体而言，一是基于高等职业教育机构自治的学校内部自我评价与监控。它注重教学质量的内部适应性，即与学校教育目标的吻合度。关注生源的输入和教学过程的运作，强调以绩效为本的学校自治，在保持学校发展特色的同时追求学校的效益与效率。二是州政府委托的专业权威评价机构，通常是由同行专家为主构成的各种专业组织，兼顾过程监控和结果评价，形成了州政府、高等职业教育机构和社会三方协调的运行模式。三是民间评价机构，包括媒体、社会机构或个人，通常以结果评价为主，注重教学质量的外部适应性，即社会对学校教学成果的满意程度。外部的教学质量监控机构促使高等职业教育机构通过相互协商和互动合作的方式提

①VISSCHER A J. Improving quality assurance in European vocational education and training: factors influencing the use of quality assurance findings[M]. Dordrecht: Springer, 2009: 173.

升教学质量，从而加强了高等职业教育机构与外界的交流与沟通，明确了高等职业教育机构改进教学质量的努力方向和目标，并引导和激励学校付诸实践。

(3) 教学质量内部监控的标准体系。无规矩不成方圆，无标准何谈质量。在高等职业教育教学质量内部监控体系中，质量标准体系首当其冲，它在高等职业教育教学活动中发挥纲领性的作用。德国双元制职业教育质量标准是职业教育活动的一种操作规范和参照，是德国双元制职业教育之纲。参照 ISO 9000 系列标准，融入全面性、过程性的高等职业教育质量要求，教学质量监控的标准体系分为输入和输出两类。输入类标准体系是指为了确保资源的优化配置而设置的标准体系。输入是过程质量观中系统活动的基础，输入类标准包括人员标准、资金投入标准、硬件设施标准、培训场所标准、课程认证标准和能力框架标准。只有遵循输入类标准的要求，才能使它们发挥各自的作用，最后达到输出的效果。在德国高等职业教育体系的长期发展过程中，学校、企业、行业协会、主管部门在双元制体系框架内加强各种输入类标准的互动，形成了相互关联、相互作用的过程网络，有效规避了只顾局部而不顾整体导致的消极影响。输出类标准体系是指为了向企业输送合格的人才而设置的标准体系。通过高质量的输入活动，德国的高等职业教育为社会和企业输送了大批高素质人才。在课程学习完成之后，学生要参加由高等职业教育机构、工会代表和雇主组织的毕业考试，来检验其是否具备了从事某种职业所必备的职业资格和能力。考试内容是与工作实际紧密结合的理论知识和操作技能；考试时间根据职业性质而定，少则几小时，多则十几天。考试合格的学生将获得由行业协会颁发的职业资格证书，它是从事某种特定职业的凭证。因此，双元制职业教育体系培养出来的学生具备充足的知识，能够独立分析问题、解决问题，有较强的实践能力，能够完成完整的工作过程以及具备完成跨企业工作任务的能力。

（二）德国高职教育教学质量内部监控体系的程序

德国高等职业教育教学质量内部监控是一个持续改进的过程。具体而言，主要包括五个步骤，分别为：

（1）分析教学活动的总体现状。当高等职业教育机构希望了解自身的优势和劣势、检验学校的教学质量，或者检验外部评价提出的改进措施是否有效时，会对学校的总体现状进行分析。现状分析通常采用多种工具收集数据，如使用外部评价框架设计的调查问卷等。在对数据进行解释的基础上，定义教学质量内部监控目标并设计相应的方案，反过来也对数据的有效性进行评价。

（2）定义目标并确定监控指标。分析总体现状之后需要定义目标并确定测量和观测指标，以便检验目标达成的程度。定义目标时要格外注意目标的合法性和科学性。对定义目标的理论基础达成共识是教学质量内部监控的核心。不同的目标，例如有形的目标（什么应该被实现？具体应追求哪些教学质量？）和时间的目标（到什么时候应该结束？）是相互依赖和相互影响的。只有对目标有了清晰的认知，才能明白目标指的是什么，如何才能实现以及系统如何有效运行。

（3）设计教学质量内部监控方案。除了明确的目标定义外，对教学质量内部监控方案的设计也非常有意义。监控方案的设计需要明确涉及的相关人员有哪些，哪些人员能够提供信息和帮助。明确了所有的前提条件之后，需要在项目计划中澄清时间节点和监控项目的负责人，即谁在什么时间完成何种任务。教学质量内部监控的所有流程均要根据系统化的过程控制方式加以设计，通过制定清晰的结构和明确相关人员的责任推动教学质量内部监控的顺利进行。

（4）执行教学质量内部监控的方案。监控方案设计时考虑愈周全，愈能在执行方案过程中避免出现问题。然而，现实中的任何计划也无法消除应然和实然之间的偏差。造成偏差的原因可能是计划方案与现实情况之间存在脱节，如：每个步骤执行的时间过短，某个步骤未能按照计划实施，方案执行主体出现动机缺失等心理问题。所以在实施教学质量内部监控时，必须采取系统控制的方法，通过细致对比较实际和期望的状况，采取相应的纠正措施。如：对目标定义进行微调，对执行过程进行必要的干预，吸引其他相关人员的加入以及激发方案执行主体的动机等举措。需要注意的是，在执行方案时，学校领导主要承担整体的协调任务。对于规模较大的高等职业教育机构而言，建立协调组或控制组是很有必要且十分重要的，这些小组由学校领导授权共同承担教学质量内部监控的工作。

(5) 检验教学质量内部监控目标的完成情况。通过执行教学质量内部监控方案就能够获知教学质量是否得到了改善,并在何种程度上得到了改善。

(三) 德国高职教育教学质量内部监控体系的特点

通过立法保障高等职业教育质量的规范有序。德国从法律层面清晰界定了高等职业教育的权责,通过依法办学、依法治教为高等职业教育的监督与管理提供保障。首先,高等职业教育领域的法律规范有序。以《联邦职业教育法》为核心,制定了《职业培训法》、《企业基本法》、《远程教育法》、《青年劳动保护法》、《晋升进修促进法》等一系列分类详尽、标准细致的职业教育法规。其次,通过国家《基本法》赋予各州独立的教育管辖权。由各州教育事务的最高权力机关——文教部颁布《州学校法》,为高等职业教育机构制定章程,以规范其办学行为。其中,宏观层面的规定涵盖学校的使命和类型结构、法律主体及权责、学校人事及财务等;微观层面的规定涵盖学校建制、教学管理、课时要求、考试事务及成绩评定等。德国各州文教部长联席会议(KMK)规定了高等职业教育机构的指示性任务,即培养学生三类能力:职业能力、适应能力、独立参与社会及规划个人发展的能力。高等职业教育机构的管理部门以《州学校法》为指导,设计教育质量的全局性战略目标,主要包括办学方向和特色、发展规模、人才培养等。①

①李文静,周志刚.德国职业学校教育质量保障:经验与借鉴[J].中国职业技术教育,2014(24):61.

通过开展内部自我评价增强管理驱动力。高等职业教育机构的自我评价是保障教学质量的基础，德国的高等职业教育机构均设有专门的质量管理部门，主要负责学校内部的自我评价。学校内部评价专员根据学校办学目标和质量评价指标收集资料，构建以数据资料为基础的内部评价系统，形成教学质量报告。自我评价既有助于激发师生的主人翁意识，提高他们参与教学质量内部监控的积极性，提升学校管理透明度，又为外部评价奠定了基础，便于通过外部评价发现差距，提出整改措施，引导学校教学质量的自我超越。

通过第三方评价保障质量监控的有效性。在德国，第三方评价是保障学校教学质量的必要条件。第三方评价的专业性主要体现在三个方面：首先，评价机构的专业性。各州均设有专门的研究所，作为独立于州政府和高等职业教育机构的非政府机构，由州文教部提供资金支持，主要负责对州内所辖高等职业教育机构进行质量评价。如：巴伐利亚州的学校质量与教育研究所（ISB）、巴符州的学校发展研究所（LS）、柏林和勃兰登堡州的学校质量研究所（ISQ）、布莱梅的布莱梅学校研究所（LIS）等，为各自州内的高等职业教育机构教学质量的提升提供决策指导。[①] 其次，评价者的专业性。研究所有专门的评价专家团队，评价专家具有较高的研究水平、丰富的教学管理和实践经

---

①王梅，王英利，王世斌．德国职业学校外部质量评价的内容与特点分析——以石勒苏益格-荷尔斯泰因州为例[J]．比较教育研究，2013(12)：37.

验，熟悉高等职业教育机构的运行规律，且通过接受系统的培训和资质认证来保证团队质量观的一致。再次，评价过程和结果的专业性。通过网上调查、数据采集、文件查阅、现场考察、座谈会等方式对高等职业教育机构进行综合评价，不仅提供了相对客观的观点，而且借鉴了其他高等职业教育机构的有益做法，从而可以有效避免学校教学质量改进的盲目性。

通过整合政校企资源保障监控体系的顺畅运转。首先，德国联邦教育部、劳动局职业教育研究所（BIBB）、经济部等多个政府部门，都担负高等职业教育教学质量内部监控的职责。联邦教育规划与科学研究促进委员会（BLK）、州文教部以及各种协会等分工合作，在机构设置上为高等职业教育教学质量内部监控奠定了良好基础。此外，还设置了教育质量考查委员会，把它作为教学质量内部监控的常设机构。委员会由质量评价专员、教育管理者和行业企业人士构成，通过设置专门的教学质量管理机构，使教学督导和评价常规化。其次，行业协会和企业在德国高等职业教育发展过程中发挥重要作用。就行业协会而言，各行业协会推行统一的职业资格证书（国家认证职业资格证书），为高等职业教育的规范化发展提供保障。行业协会的职责涵盖企业培训资质认定、监督培训场所与人员、为企业及学员提供咨询、组织技能考试等诸多方面。就企业而言，德国企业普遍把校企合作作为自身的义务。高等职业教育经费由公共财政与企业共同支出，企业学徒期的培训经费由企业雇主负责。近年来，企业对实习场地、实习设备、实习津贴、徒工社会保险、培训人工资等各类经费的投入逐年增加，充分体现了德国企业对高等职业教育教学质量的重视。[①]

二、德国高职教育教学质量内部监控体系的启示

加强内部自我评价机制建设。在教学质量内部监控活动中，德国的高等职业教育机构把机构的自我评价作为评定学校教学状况的准则。我国的高等职业教育机构应遵循"自我评价为主，以外促内"的原则，完善内部自我评价机制建设，充分发挥自我评价机制的反馈和改进作用。一方面，可以设置单独的内部评价机构，独立行使评价和监控功能；构建常规化的内部质量标准体系，结合国家标准和社会需求，明确人才培养和办学定位，并据此设定教学的各项工作要求，规定教职员工的职责、制度和规范等。另一方面，建立高等职业教育机构自我评价制度。依据国家质量评价标准，制订学校的自我评价标准和方案，并向社会公布评价结果。建立校内外质量评价体系，校外评价以毕业生追踪调查、与用人单位交流反馈、人才市场需求等调查结果为基础，校内评价以教学检查制度、教师听课制度、教学督导制度等各类制度、文件为基础，兼顾教师评学、学生评教、教学评优及教学观摩等结果。除此之外，高等职业教育机构还应组织专人进行校外调查，以便对学校

---

①邓志军，李艳兰.论德国行业协会参与职业教育的途径和特点[J].中国职业技术教育，2010(19)：60.

发展状况做出客观判断。

充分发挥第三方评价机构在教学质量内部监控中的作用。为了保证教学质量内部监控的客观性和公开性，提高教学质量内部监控的权威和影响力，使教学质量内部监控工作更加规范化和专业化，应该设置独立的、不依附于教育行政部门的第三方评价机构。第三方评价机构的主要职责包括：负责学校外部质量评价标准开发、外部评价专家的资质认定与培训、年度教学质量报告的编撰与发布等。虽然第三方评价机构的主要职责都与教学质量外部评价有关，但是只有建立健全教学质量外部评价体系，才能为教学质量内部监控提供参考和保障，进而才能促进教学质量内部监控的有效开展。即通过第三方评价机构检验高等职业教育机构的办学绩效和学生质量，为学校改进教学方案提供参考。第三方评价机构不仅可以保障教学质量内部监控结果的公正和透明，而且能够调动社会各方力量，充分发挥社会对高等职业教育机构教学质量的监控职能。

充分调动行业企业参与教学质量内部监控的积极性。首先，对行业企业在高等职业教育中的责任和义务进行明确界定，促进行业企业加大投入，形成教育经费多方合作投入体制，确保高等职业教育经费投入的稳定增长。其次，创新行业企业参与教学质量内部监控的形式。具体而言，一方面可以通过行业协会协调高等职业教育机构与企业的沟通交流，促进高等职业教育机构的教学活动更加贴合社会经济和产业结构调整的要求，贴合企业的人才需求。另一方面，政府在赋予行业企业参与高等职业教育机构发展权利的同时，还应给予行业企业一定的职责和义务，并从国家法律层面制定有关其责任和义务的明确依据。国家法律政策的制定还应满足企业自身的发展需要，切实保障企业的利益，如通过调整税收政策、明确相关激励政策等，充分调动企业参与高等职业教育教学质量内部监控的积极性。

加强我国高等职业教育教学质量内部监控体系的建设，是促进我国高等职业教育质量提升的必由之路。充分借鉴德国高等职业教育教学质量监控的优秀经验，充分发挥教学质量监控的改进与问责功能，将质量监控内化为高等职业教育机构改进教学标准、提高教学质量的管理机制，营造教学质量内部监控的良好氛围，以此促进高等职业教育机构的可持续发展。

第三节　澳大利亚高职教育教学质量内部监控体系的建设及启示

澳大利亚的职业教育虽然仅有一百多年的历史，但却是世界上公认的对职业教育质量研究投入最大的国家之一，始终贯彻“行业需求导向”的运营模式，积累了丰富的成功经验。澳大利亚教育部根据不同时期的经济发展特点，利用最新技术不断改革与完善教学质量内部监控体系。澳大利亚联邦政府发布了一系列国家层面的职业教育法规，为就业者提供国家统一的认证培训。1992 年，国家培训署成立，改变了各州和领地各自为政的局面。1995年，联邦政府发布澳大利亚学历资格框架（Australian Qualifications Framework，AQF），建立了涵盖中小学、职业教育、高等教育的一体化的全国立交桥式学历资格框架。1996年，澳大利亚发布国家培训框架（National Training Framework，NTF），国家统一组织行业协会共同参与制定各行业对应的不同层次的学历资格课程，建立统一、细化的关键职业能力考核标准。强有力的政府保障、全过程的行业主导以及标准化的职业教育体系，使澳大利亚成为世界职业教育体系最为完善的国家之一。

一、澳大利亚高职教育教学质量内部监控体系的建设

（一）澳大利亚高职教育教学质量内部监控体系的内容

2001年，澳大利亚制定了质量培训框架（Australia Quality Training Framework，AQTF），它是国家培训质量委员会组织制定的一套针对（高等）职业教育机构进行质量认证的全国通用性标准，其宗旨是保证（高等）职业教育质量在国家层面上的统一，对职业教育机构的师资队伍、培训资源及条件等进行严格管理，并对职业教育机构进行常规性的考核和评估，从而保证教学活动的有效性和规范性，为保障教学质量提供必要的制度支持。[1] 在此背景下，

---

①陈竹韵，陶宇．“互联网＋”时代澳大利亚职业教育质量保障体系研究[J]．职教论坛，2017(17)：82-87．

澳大利亚职业教育教学质量内部监控的内容主要包括对注册课程的监控以及职业教育机构的内部评估考核。

对注册课程的监控。职业教育机构在提交新的课程时，需要到澳大利亚技能质量局（Australian Skills Quality Authority，ASQA）或派出机构登记。所有的申请要进行风险等级的评估，风险等级较高的需要进行检查；中级风险的要进行现场考察或桌面审核；一般风险的则会直接通过职业教育机构报送的材料进行桌面审核。审核的风险评估标准包括在审核历史上的表现优劣、课程的教学规模是否扩大、对学生的精神或身体是否造成了伤害等。另一方面，澳大利亚质量培训框架规定各州的注册或认证机构每年要依据通用性的标准对职业教育机构所开设的课程进行绩效评估，这既保护了开设课程的合法性，又保障了课程质量的持续改进与提升。因此，对注册课程的监控降低了课程决策的风险性，现已成为澳大利亚职业教育机构教学质量内部监控活动中不可或缺的重要组成部分。

职业教育机构的内部评估考核。职业教育机构的教学管理与服务部门一般设有专门的教学质量内部评估与考核机制，主要包括对学生的评估考核和对教师的评估考核。其中，职业教育机构对学生评估考核以突出能力为主，主要是基本技能、对问题的处理能力以及与技能相关的辅助能力。职业教育机构对师资的评估考核主要体现在是否具有课程设计能力、是否具有开发教学与评估的能力，以确保教师在传授以能力为本位的课程时遵循全国统一的质量标准。具体而言，主要包括以下五个方面：如何准备教学环境、如何设计和开发学习资源(包括必修和选修课程的开发)、如何建立以学生为中心的教学创新策略、如何实施评估策略以及如何评价整体教学质量。

(二)澳大利亚高职教育教学质量内部监控体系的程序

澳大利亚职业教育教学质量内部监控体系的运行程序是一个输入与输出相结合的过程。其中,输入过程主要包括四项内容:一是为了能够有效地满足企业、学生以及国家的需要,教学质量内部监控体系要确保职业资格证书与教学项目之间的纵向一致性。这是对培训计划、标准和资格证书的认证过程,可以在职业教育机构、教师和学生等多个不同层次和主体之间进行。二是要确保职业教育体系中的各项标准与资格证书之间的横向一致性,即标准之间的相互协调与配合。三是要确保职业教育机构有能力提供各类教学计划。对职业教育机构的评价是一个多方位的认证过程,主要包括对教学场所、实施设备、教师的教学能力等的认证。四是整个教学质量内部监控体系采用的是以资金提供方需求、雇主需求、学生需求等为导向的市场运行机制。输出过程主要包括两项内容:一是相关部门通过对各种测试的监控以及对职业教育机构的认证,审查职业资格证书的颁发环节;二是通过对学生、用人单位的满意度调查以及各种投诉的分析,评估职业教育的教学质量。

澳大利亚职业教育教学质量内部监控体系的程序是

明晰且高效的，这主要得益于以下三方面的条件保障。首先，澳大利亚的政府、行业协会、职业教育机构以及国际质量保障机构在教学质量内部监控体系上建立了明确一致的关系。政府通过评估、认证、审核等方式监控教学质量监控体系的运行；行业协会需要认可职业教育机构的教学计划、培训证书及人才培养标准；职业教育机构为了能够在自由竞争的市场中维护自身的品牌形象和市场份额，通过不断完善教学质量内部监控体系的方式维护教学质量；国际质量保障机构的职业资格证书标准在职业教育体系中发挥重要的导向作用。① 其次，通过建立一套整合机制来确保不同层次和水平的职业教育质量标准之间的关联性。这种整合机制包括登记、审核、检查职业教育机构，评估教学计划，认证职业资格证书等。再次，为了确保监控过程的公正性和客观性，审核部门和管理部门处于相互分离的状态。

（三）澳大利亚高职教育教学质量内部监控体系的特点

教学质量内部监控体系严格遵循国家标准。在澳大利亚质量培训框架的宏观政策下，职业教育机构都有一套与注册培训机构的标准相对应的质量实施细则和管理规范。由于国家质量委员会要委托各州或领地的课程注册机构每隔五年对职业院校进行一次水平评估，那么这些标

①王丹，张露丹．澳大利亚职业教育质量保障体系比较研究及对我国的启示[J]．职教论坛，2014(24)：92-96．

准和规范也成为职业教育机构进行教学质量自评的指导性目标。职业教育机构一般配备专门的评估人员专门负责学校内部的评估,他们主要监督各个院系的教学资源是否到位并合理配置。教学资源通常包括人才培养方案和教学材料,能力本位的技能鉴定所需的人力、物力和环境条件等。针对每一门开设的课程还有相关的质量保障工作小组,小组成员来自不同的职业教育机构,主要负责审核专业教学材料和安排鉴定。通常而言,鉴定是一个受到特别重视的环节,鉴定计划和鉴定工具必须在本专业的同行认定之后才能生效。

行业在教学质量内部监控体系中发挥主体作用。澳大利亚"行业引领职业教育"的特色不仅反映在课程内容的开发过程中,而且突出地反映在教学质量内部监控上。从国家、各州以及学校层面的质量监控人员组成上便可看出行业的主体作用。首先,在国家层面,国家质量委员会的二十名成员中,代表行业的(包括行业组织和企业)的成员就占了五席。在各州层面,由各州代表国家质量委员会出面组织的办学水平评估中,评估专家组成员也必须包括行业代表。在学校层面,职业教育机构的课程实施管理实行学院(校)董事会制,董事会成员中的行业代表一般占到半数左右。以阿德莱德北部 TAFE 学院为例,学校董事会现有成员十二名,其中有六名代表来自行业。根据 2007 年最新修订的"注册培训机构的标准",职业教育机构必须定期邀请行业对教学质量的满意情况进行调查,在提出实质性的建议之后,对教育质量进行持续改进。①

教师准入在教学质量内部监控体系中备受关注。澳大利亚的职业教育机构建立了严格的教师准入制度。澳大利亚职业教育机构的教师必须具备三个基本条件:一是专业资格证书,职业教育领域的教师至少达到与所教授的课程同样水平的资格等级。二是职业教育领域的教师资格证书,即澳大利亚资格框架体系中的"培训与鉴定"(training and assessment)四级资格证书。四级资格证书包括了对教师授课能力和对学生技能进行鉴定的能力要求。② 三是具备至少三至五年的行业工作经历。由此可见,澳大利亚职业教育领域对教师从业资格的要求很高。一方面,职业教育机构主要从有实践经验的专业技术人员中招聘,要求教师具有丰富的工作经验。另一方面,这种高要求并不体现在学历文凭的盲目攀高上,而是针对职业教育课程的适切性而要求教师应当具备的教学能力和技能鉴定能力。即使是博士学位获得者,要进入职业教育机构任教,也必须具备以上条件,以确保职业教育"能力为本位"(competency-based training)的课程实施和对学生技能鉴定的质量。

---

①吕红,石伟平.澳大利亚职业教育质量保障体系探究[J].外国教育研究,2009(1):85-91.

②Certificate Ⅳ in training and assessment [EB/OL]. http://www.ntis.gov.au/Default.aspx? /training package/TAA04/qualification/TAA40104/rules.

二、澳大利亚高职教育教学质量内部监控体系的启示

整合国内高等职业教育教学质量标准。澳大利亚职业教育教学质量内部监控体系的最大特点在于标准的统一性。对于我国而言,整合国内教学质量标准是建立教学质量内部监控体系的起点。高等职业教育教学质量标准是人才培养的标准,引领整个人才培养过程。即使存在地区差异和机构差异,同一专业(方向)的高等职业教育教学质量标准也应该是相近的;即使存在专业(方向)差异,同一课程的教学质量标准也应该具有相似性。然而,由于我国目前尚未建立"横向一致"的高等职业教育教学质量标准体系,这些"应然"之事仍处于"未然"状态。这不仅直接导致我国的高等职业教育教学活动难以与国际接轨,更不利于国内高等职业教育教学资源的宏观管理和持续完善。因此,应把整合国内高等职业教育教学质量标准作为教学质量监控体系建设的出发点,其中,"横向一致"可以通过国内知名高等职业教育机构的成熟专业对相近专业的典型示范效应来完成。

打造以能力标准为指导的课程开发模式和课程的多元整合评价体系。澳大利亚的职业教育机构按照职业能力标准开发课程、组织教学,从而保证学生能达到能力标准的最低考核要求并获得全国认可的职业资格证书。在我国,尽管《国家职业标准》规范了从业人员从事职业活动的基本依据,但由于高等职业教育与职业培训始终是"两张皮",学历教育与职业资格始终没有实现有效互通。因

此，我国应当结合《国家职业标准》，建立以能力标准指导的课程开发模式，制定适用于我国高等职业教育的标准体系。[①] 另一方面，以能力本位为指导的课程模式注重学生的一般能力与具体职业情景相结合的多方面能力培养。因此，我国在打造以能力标准为指导的高等职业教育课程开发模式，实现高等职业教育知识本位向素质本位的转型过程中，应建立多元整合的高等职业教育课程评价体系。该评价体系不仅包括对学生终期目标完成度和人才培养方案最终实施效果的终结性评价，而且包括对学生学习过程中各阶段完成效果和评价主体对各阶段课程实施方案的过程性评价。两种评价结果需要及时反馈，并用以指导下一阶段的改进工作。

规范高等职业教育机构教师的任职资格和培训机制。“教师是教育活动的基本要素，是构成教育活动的主体人物。”[②]高等职业教育机构教师的教学水平决定高等职业教育的水平。任何教学质量监控体系作用的发挥，最终都需要通过教师的教育、教学活动得以实现。目前，我国的高等职业教育机构教师队伍建设存在两难困境。一方面，一批具有较高学历、接受过系统学科训练，但却缺少一线教学经验的年轻教师纷纷到高等职业教育机构任教。虽然这些教师通过简短的职前培训习得了一些职业教育理念和方法，但在具体的教学实践过程中仍难以

---

①许露，庄亚明．澳大利亚职业教育课程质量标准体系及启示[J]．职教论坛，2011(12)：94-96．

②孙喜亭．教育原理[M]．北京：北京师范大学出版社，2003：512．

逃脱学科教育的桎梏。另一方面，一些具有一线工作经验和较高学历的实践专家在高等职业教育机构担任专、兼职教师。这些教师虽然具有丰富的一线工作经验，但在制定教学计划、选择教学内容、控制教学过程等方面都显得力不从心，教学效果往往不尽如人意。因此，有必要规范高等职业教育机构教师的任职资格，明确高等职业教育机构师资的能力要求，为未入职者和已入职者提供从业基准线。此外，各高等职业教育机构应当系统设计培训课程和考核机制，逐步提升高等职业教育机构师资队伍的整体水平。

第四节　日本高职教育教学质量内部监控体系的建设及启示

全球化竞争的不断加剧加速了日本的技术革新和传统企业的淘汰。为了发展新的经济增长领域，日本亟须解决由适龄劳动力急剧减少所带来的产业结构与劳动力市场变化的矛盾问题。最近，企业内的基础教育训练逐渐被压缩，在企业人才培育机能逐渐减弱的情况下，国家迫切需要在学校教育中扩充发展职业教育，为新的经济增长领域输送高质量的技术技能型人才。日本的高等职业教育机构类型多样，主要包括短期大学、高等专门学校等。为了提高高等职业教育的国际适用性和信赖性，自 20 世纪 90 年代，日本开始建设高等职业教育教学质量外部监控体系，并通过制度建设引导规范高等职业教育机构逐渐完善教学质量内部监控体系。2008 年，在中央教育审议会的报告《面对学士课程教育的构建》中提出“为了自我检查和评价，大学制定自主评价标准和评价项目并运行等，构建内部质量体制”。2011 年，大学评价与学位授予机构修订的《大学评价基准》要求根据检查评价结果调整大学内部质量体系。2013 年，大学评价与学位授予机构的研究会提出《教育内部质量体系构建的准则》(案)，整理分析了第一周期高等职业教育各认证评价机构的评价结果以及海外大学内部质量体系的要求。目前，日本的高等职业教育机构才开始使用“内部质量体系”一词，虽然之前有很多学校开展了内部质量监控，但尚没有达到“体系”的程度。《教育内部质量体系构建的准则》(案)并非《大学评价基准》的组成部分，它以提供可参照的信息为目的，为内部质量监控体系的完善提供基本框架，是学校构建内部质量监控体系的指南。除此之外，2016 年，中央教育审议会大学分科会大学教育部会发布了《毕业认定学位授予方针、教育课程编制实施方针和入学者申请入学方针的制定及其运用的方针》(以下简称《方针》)，要求高等职业教育机构围绕教育内部质量监控的招生、课程和毕业三个核心问题，分别制定方针，并对方针制定单位及其注意事项、相互关系等问题提出建议。此项举措的目的在于更为深入具体地指导和规范高等职业教育机构，以便配合外部质量评价自主构建内部质量监控体系。

一、日本高职教育教学质量内部监控体系的建设

（一）日本高职教育教学质量内部监控体系的内容

大学评价与学位授予机构认为所谓的“教学内部质量”，是指高等职业教育机构有责任对自身的各种活动进行检查评价，并以检查结果为依据，不断进行自我改进，以保证其质量。归根结底，教学质量内部监控是指对教学体系的监督、评价及支持的过程，它由明确的校内政策、程序和体制等构成，能够持续保障教学质量。

《教育内部质量体系构建的准则》（案）提供了高等职业教育机构教学质量内部监控体系构建的框架指南，建议高等职业教育机构从八个方面构建教学质量内部监控体系：一是内部质量监控的全校性方针和责任体制，即高等职业教育机构应规定教学质量内部监控的方针，明确责任体制，并将之作为全校性的方针。二是教育计划的认可、定期检查与改善，即高等职业教育机构需要设置对新教育计划进行认可、定期检查和持续改善的体制和程序方法。尤其需要从确保学生学习效果的视角出发，对教学措施和教学内容以及授予的学位进行检查和评价。三是教职员工的监控能力提升，即高等职业教育机构的教职员工应具备适当的教学质量内部监控能力，高等职业教育机构应制定提升教职员工教学质量内部监控能力办法、持续实施的体制和程序。四是学生学习环境的检查与改善，即高等职业教育机构应对学生的学习环境以及相关的配套支持策略进行检查与评价，并设置持续改

善的体制和程序。五是高等职业教育机构教学目标的检查与改善，即高等职业教育机构应明确短期和长期的教学目标与计划，以便把握教学活动的状况、进度和完成情况，持续改善教学质量内部监控的体制和程序。六是学生和外部人士参与教学质量内部监控，即在上述各种教学质量内部监控基础之上，高等职业教育机构需要吸收学生和外部利益相关者的参与，或设置听取利益相关者意见的体制和程序。七是教育信息的收集与分析，即高等职业教育机构需要充分收集有关教学活动的实际数据和资料，并开发数据积累、分析和利用的程序。八是教育信息的公开，即高等职业教育机构需要从教学质量监控和消费者保护的视角出发，针对潜在生源、在校生和家长等利益相关者定期发布相关信息。

需要注意的是，《教育内部质量体系构建的准则》(案)不仅从教学质量内部监控的体制、程序、愿景、目标和资源等要素入手，提出高等职业教育机构教学质量内部监控体系框架，还从实践者的角度对每个要素的具体操作要求进行了详细说明，使框架指南具有可操作性。

(二) 日本高职教育教学质量内部监控体系的程序

日本高等职业教育教学质量内部监控体系旨在保证"PDCA"循环的高效运行。该循环包括以下四个要素构成：教育目标(plan)、教学计划的实施(do)、教育成果的目标达成度评价(check)和评价结果的改善(act)。"PDCA"循环程序是持续性地分析、监控、反馈和改善教育计划的质量管理过程。教学质量内部监控系统的构建能够有效保证“PDCA”循环程序处于良性循环状态。具体而言，高等职业教育教学质量内部监控体系是个复杂的工程，为了保证教学质量内部监控贯穿学生入学到毕业的整个过程，日本在国家制度层面对内部监控体系过程性管理进行了重点部署。《方针》对高等职业教育机构教学质量内部监控体系构建中的招生、课程和毕业这三个核心质量管理环节提出建议，概述了制定每项方针的内容、原则及其注意事项。

首先，明确《方针》中“三个方针”的具体内容。各高等职业教育机构在制定毕业学位认定授予方针时，应与教学理念相匹配，确定毕业生应掌握什么样的能力，据此制定学位授予的基本方针，明确学生结业成果目标。各高等职业教育机构在编制课程实施方针时，应明确与毕业证书相匹配的课程，以及与之相对应的教学内容、教学方法和学习评价的基本方针。各高等职业教育机构在制定学生入学方针时，应以上述两大方针为依据，确定与之相适应的招生基本方针，从知识、技能与思考力、判断力、表现力等诸多方面衡量所招学生的学习成果，以及主体性和与他人合作的学习态度。

其次，明确《方针》中“三个方针”的制定原则。第一条原则为整体性。各高等职业教育机构应从宏观视角出发，从整体上制定“三个方针”，以确保各方针之间的协调统一。第二条原则为基于调查研究。各高等职业教育机构以《我国高等教育的未来像》(2005 年 1 月 28 日)为依据，以校长为中心研讨推动准则制定，以学生为中心确立学位目标。搜集分析有关教育、研究和财务等的资料，以调查研究为依据，明确获得的知识和能力及其课程体系。第三条原则为一贯性。各高等职业教育机构应力求学位授予准则和教学计划准则的一体化和整合性，明确规定学生毕业所应掌握的能力水平和所应具备的素质结构，并据此开发具体的课程及学习成果评价的要求。

再次，明确《方针》中"三个方针"的注意事项。《方针》不仅对制定每一个方针的具体注意事项进行了阐释，而且对每一个方针在"PDCA"循环过程中的注意事项也做了具体说明。《方针》指出，为了促进利益相关者更加深入地了解高等职业教育机构，各高等职业教育机构应加强与不同利益相关者的合作，以《方针》为基础努力提高教学实效性，公开教学信息。各高等职业教育机构应采取多种方式和手段，根据已经确定的教学理念对教学活动、教学环境和学生的学习效果进行改进，并将这些信息和"三个方针"的注意事项公之于众。

（三）日本高职教育教学质量内部监控体系的特点

日本高等职业教育教学质量内部监控体系具有系统性。系统性不仅强调高等职业教育机构教学质量内部监控体系的完整性，而且强调内部和外部教学质量监控体系的整体性和关联性。教学质量内部监控的管理制度面向高等职业教育机构的整个教育实践活动系统，《教育内部质量体系构建的准则》（案）对影响高等职业教育机构教学质量内部监控体系的因素进行了具体说明，而《方针》则对高等职业教育机构教学质量内部监控过程做出了具体、深入的诠释，后者与前者互补，是教学实践活动中系统开展教学质量内部监控的指导路线。外部评价的《大学评价基准》与内部监控的《教育内部质量体系构建的准则》(案)在内容上具有关联性，后者是前者相应标准的进一步细化。除此之外，《教育内部质量体系构建的准则》(案)还列举了第一周期监控活动的诸多亮点，进一步引导各高等职业教育机构参照优秀案例的做法，不断创新教学质量内部监控体系，以便在今后的监控活动中有更加出色的表现。

日本高等职业教育教学质量内部监控体系具有发展性。日本高等职业教育教学质量内部监控体系把"对学习的评价"转化为"促进学习的评价"。"对学习的评价"和"促进学习的评价"是两个概念。"促进学习的评价"更加重视形成性评价、目标评价和绩效评价，要求高等职业教育机构在关注教师评价的同时，更加重视学生的自我评价。"促进学习的评价"使日本高等职业教育教学质量内部监控体系具有发展性，并具体体现在下述两个政策文件中。第一个政策文件是《关于学士课程教育的构建》，该文件指出要从重视学习效果的视角出发，进一步明确学位授予和教学研究的目的，从"教什么"向"会什么"转变，以学习效果为核心，制定学位授予方针，在明确不同课程教学目标的基础之上，导入 GPA 客观评价体系。第二个政策文件是《方针》，该文件将促进学习评价的宗旨融入教学质量内部监控过程之中。具体而言，在招生质量监控环节，高等职业教育机构应明确规定入学者选拔方面的具体要求，既包括入学申请者在入学前应掌握的多种能力，又包括学习的内容以及入学后应掌握的能力。在毕业生质量监控环节,高等职业教育机构应重点考察毕业生学习效果"变得怎么样",须兼顾社会的外显性和潜在性要求,以此为依据改进人才培养方案。在学生学习过程监控环节,高等职业教育机构应根据学位政策制定课程,在课程方针中详细表述该课程的学习方法、学习过程和学习成果的评价,构建符合毕业认定学位授予要求的课程体系。此外,面向不同的入学者,从普通教育、专业教育、生涯教育等各个视角入手,从促进主体性终身学习实践活动的视角帮助学生确立自主学习计划。《教育内部质量体系构建的准则》(案)明确指出,高等职业教育机构应定期对学生的学习环境、学习资源及学习效果进行检查和评价,听取学生的意见并对评价结果进行分析,制定并完善持续改进的程序。

日本高等职业教育教学质量内部监控体系具有开放性。教学质量内部监控体系的开放性主要表现在两个方面:① 教育行政部门与高等职业教育机构教育评价与监督活动过程的开放性。高等职业教育具有鲜明的社会性,这一特点要求其教育质量评价和监督具有开放性。为了促进多元主体真正参与高等职业教育教学质量监控活动,日本从制度层面对监控参与者的资质做出了要求。《教育内部质量体系构建的准则》(案)对学生和外部人员参与教学质量内部监控进行了具体规定,明确提出鼓励校外专业人士参与高等职业教育机构教学质量内部监控,以确保教学质量监控的专业性。其中,校外专业人士主要包括三类：与教学内容相关的校外专业人士、精通学习成果评价方法的校外专业人士、关注且能够对毕业生的知识和能力进行评价的校外专业人士。这三类校外专业人士的参与有利于教学质量内部监控相关问卷调查的开展，而且提高了高等职业教育机构咨询委员会的咨询效果和毕业生论文的审查效果。② 教学质量内部监控结果的开放性，即向社会公开监控结果，接受社会监督。《方针》要求高等职业教育机构公布“三个方针”和自我检查评价结果，通过教育信息的可视化增强地方政府、国际社会、行业产业等不同利益相关者与高等职业教育机构之间合作培育人才的可能性。在高等职业教育机构掌握充足数据和信息的前提之下，基于“PDCA”循环，用目标达成度评价法对其进行教学质量内部监控，并向社会公开真实的评价结果。《教育内部质量体系构建的准则》(案)对有效数据的标准进行了规定，这些数据主要包括三类：一是学生个体的学习履历；二是能够反映入学者学习情况的定性和定量评价，比如重修、成绩和学分情况，毕业、留级和退学情况以及今后的去向情况等；三是学生对教师的满意度、学习目标达成度的调查结果及其分析。

二、日本高职教育教学质量内部监控体系的启示

构建一体化的教学质量内外部监控制度体系。建立健全高等职业教育教学质量监控体系，制度建设是关键。科学、可行和健全的制度体系能够调动高等职业教育机构教学质量监控的积极性，形成自我约束、自我完善、自我发

展的内部监控机制。理性借鉴日本的经验，可以从下述三个方面构建一体化的教学质量内外部监控制度体系。一是系统构建制度内容体系。日本的高等职业教育质量监控制度体系，既包括国家层面宏观的教学质量监控制度，也包括学校层面微观的教学质量监控制度。其中，宏观的教学质量监控制度主要是指针对不同高等职业教育机构制定的“设置基准”、“评价基准”、“职业能力评价制度”、《准则》(案)和《方针》等；微观的教学质量监控制度主要是指高等职业教育机构的各种规章以及授课规定等，具体而言，主要包括学习成绩评价、升级以及毕业认定规则，选修课程规则，校外实习进修相关规则，校外其他学校学习学分认定注意事项、外国留学注意事项、校外实习单位以及其他高等学校学习学分认定，学生生活规则，各种设备设施规则，住宿规则等。翔实的制度内容体系使日本高等职业教育机构的教学质量内部和外部监控制度形成了互补。对于我国而言，要以完善国家、地方教育行政主管部门宏观层面的教学质量外部监控制度体系为先导，对过程性管理、结果管理环节提出指导性意见和建议，有效引导高等职业教育机构从评价主体与标准、评价目标与内容、评价方法与程序以及评价结果与分析等方面自主完善教学质量内部监控制度体系。二是国家从教育行政管理的角度，以一体化为原则建设高等职业教育与技术本科教育相互衔接的质量监控制度体系。日本从高等专门学校、短期大学和大学教育衔接的角度出发，依据不同的专业领域和教育类型，有针对性地完善监控机构，制定高等职业教育和技术本科教育相互衔接的评价基准。不同评价机构以国际教育标准、国家教育标准、国家资格标准等标准为依据，制定“监控基准”，并经过中央政府行政机关的认证，确认标准的专业性和可行性。以“监控基准”为核心的标准制度体系的建立，有助于实现资格互换和学分互换。三是持续更新教学质量监控理念，不断修订教学质量监控制度体系，保持监控制度的先进性和国际共通性。1947 年，日本颁布了《学校教育法》，并把它作为教学质量内部监控制度的基础，之后不断对该法案进行修订，使之适应国内外教育发展的要求。与此同时，在研究调查的基础之上，不断制定并修正“设置基准”、“评价基准”等，对教学质量内部监控制度进行持续改进。

建立促进教学质量内部监控体系有效运行的保障机制。高等职业教育需求导向型的办学特点决定了高等职业教育机构需要吸引多元主体，特别是作为直接利益相关者的行业企业，应该深度参与高等职业教育教学质量内部监控。为了促进多元主体在深度参与过程中的互动合作，需要在国家层面和学校层面建立促进多元主体互动合作的运行保障机制，其核心是产学官合作式互动评价机制。具体而言，首先要了解并明确参与教学质量内部监控的校外人士的专业监控素质。为了增强信誉度，高等职业教育机构应面向社会公开学校的教学信息，招揽校外专业人士参与，并对他们的相关资质做出要求。其次要不断提升教职员工的教学质量监控能力。《教育内部质量体系构建的准则》(案)从体系建设的角度，对教职员工的教学质量监控能力以及能力的开发进行了规定，不仅要求教职员工具有恰当的检查和评价能力，而且制定了提高教职员工监控能力的培养办法和程序。再次要构建校外专业人士特别是企业相关人员参与教学质量监控活动的体制并组织相应的实施方案，建立有社会人士参与的实践性职业能力学习评价系统，持续提升高等职业教育在实践性上的国际通用质量。

理性借鉴日本的经验，我国应以促进学生学习和促进综合职业能力发展为理念，以教学质量外部监控带动教学质量内部监控体系的完善，以规范的制度设计约束高等职业教育机构参与教学质量外部监控，主动履行教学质量外部监控的责任，使教学质量内部和外部监控体系形成良性循环的状态。随着教学质量监控体系的不断运行，教育质量监控体系建设自然会形成一种质量文化，并对高等职业教育机构的教学质量管理产生积极的作用。

第五章 高职高专院校教学质量内部监控体系的建构范式

高职高专院校教学质量内部监控体系的建构范式主要包括监控体系的组成结构和运行机制。其中,高职高专院校教学质量内部监控体系的组成结构主要包括以下三个体系:教学质量内部监控的目标体系、教学质量内部监控的组织体系和教学质量内部监控的制度体系。高职高专院校教学质量内部监控体系的运行机制主要包括以下三个系统:教学质量策划系统、教学质量监督系统和教学质量控制系统。

第一节 高职高专院校教学质量内部监控的目标体系

目标决定行动、引领方向。若无目标的引领,则会导致盲从和盲动。因此,任何活动都要有其预定的目标。高职高专院校教学质量内部监控目标体系的建设是教学质量内部监控的根本,教学工作质量的检查以及教学工作结果的评价都要参照教学质量内部监控目标的达成程度。

教学质量内部监控的目标体系首先应有一个总目标，总目标又可分为三个子目标：教学投入分目标、教学保障分目标和教学质量分目标。（见图 5-1）

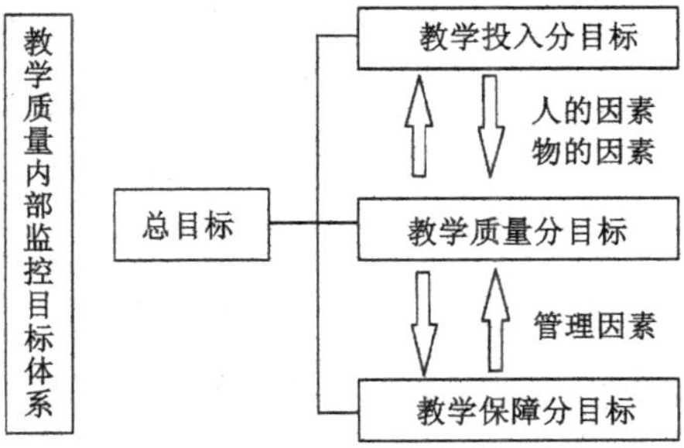

图 5-1　教学质量内部监控目标体系

一、教学质量内部监控总目标

高职高专院校教学质量内部监控的总目标是高职高专院校开展教学质量内部监控活动的总体依据，它统揽全局，规定了学校人才培养的基本质量规格，得到了学校每一位成员的认可和认同，体现了学校的办学特色。教学质量内部监控总目标是学校全体成员的理想追求，其作用在于明确方向和引领前进，是有目的、有计划地开展教学质量内部监控活动的有效保障。为了使教学质量内部监控活动更加顺畅和高效，有必要构建教学质量内部监控的目标体系。教学质量内部监控目标体系的构建，必须处理好总目标和各个分目标之间的统揽关系，使教学质量内部监控的目标体系关系协调、上下贯通，从而在最大程度上促进各个目标的达成与实现。

二、教学投入分目标

高职高专院校的教学投入主要包括两个方面：人的因素和物的因素。其中人的因素是指参与高职高专院校教学活动的教师、学生以及教学管理人员；物的因素是指高职高专院校为保证教学及其管理的质量所提供的必备物质条件，比如：教室、图书馆、实训基地、体育场地、宿舍、餐厅、教材和教学仪器设备等。教学投入分目标的实现，是指人的因素和物的因素满足教学及管理活动的要求，比如师资队伍、师生比例、生源质量、硬件设施等的达标。鉴于高等职业教育的特有属性，在人的因素方面，高职高专院校的教学投入分目标必须包括对“双师型”教师的规定；在物的因素方面，必须包括对实习实训基地的规定。由于教学投入大都集中在教学输入环节，因此需要在教学输入环节对这些影响因素进行特别关注。在经费相对充足的情况下，务必使这些影响因素与教学的实际需求协调一致，以利于教学投入分目标的达成。

三、教学质量分目标

在教学质量内部监控的目标体系中，教学质量分目标的地位最为重要。教学质量分目标是指高职高专院校在一定时期内想要取得的预期质量成果，或想要达到的质量水平。它的作用和意义主要体现在三个方面：首先，教学质量分目标成为学生、家长、雇主等利益相关者了解学校的教学质量和办学水平的重要参考。其次，教学质量分目标不仅为高职高专院校各部门的工作成效提供了衡量标准，而且为各部门今后的工作指明了方向和道路。再次，教学质量分目标激发了高职高专院校全体教职员工的工作热情，鼓励他们在教学活动中投入更多的时间和精力。作为比较具体的规定，教学质量分目标的制定既要具有一定的超前性，又要切实可行。通常而言，教学质量分目标应该包括定量化的指标或具体标准，可以从如下几点维度进行界定：一是教学质量特性，教学质量特性通常包括师资队伍、生源质量、课堂教学等。对于高职高专院校来说，尤其要重视实践教学、用人单位的反馈意见、社会评价等教学质量特性。二是可比性，可比性是指通过与其他高职高专院校的横向比较而得到的结果。三是质量改进特性，质量改进特性是反映高职高专院校教学质量进步程度的指标。四是时间效力，时间效力是指教学质量分目标总是与一定的时间相关联，是在某段特定时期内的目标。

四、教学保障分目标

在高职高专院校教学质量内部监控的目标体系中，教学保障分目标主要是指各个教学环节的评价标准。其中，对评价切入点的选择是构建教学保障分目标的重要环节。具体而言，对学生学习质量标准切入点的选择要考虑学生的课堂出席率、作业完成情况、考试成绩、毕业设计或毕业论文的完成情况，对教师教学质量标准切入点的选择主要在听课、评课、授课、计划执行、作业批改和毕业论文指导等各个环节中进行。此外，还有一类综合切入点，这类切入点的选择主要发生在对课程评价和专业评价的过程中。它们不仅是教学保障分目标的重要组成部分，而且还是高职高专院校质量手册的主要内容和文字载体，在编制具有高等职业教育特色的质量手册过程中发挥着重要的作用。

通过对上述三个分目标的分析，可以看出它们之间是相互渗透、彼此交叉的。在教学质量内部监控过程中，教学投入分目标、教学质量分目标和教学保障分目标的达成也是相互影响、相互制约的。其中，教学投入分目标包含了人的因素和物的因素，教学保障分目标则包含了管理因素，管理因素将人的因素和物的因素有机结合在一起，使之在教学质量内部监控活动中协调运转；此外，这三类因素共同作用于教学活动之中，保证教学质量分目标的顺利实现。因此，每个分目标的达成会促进其他分目标的实现。高职高专院校在构建教学质量内部监控目标体系时，要结合学校自身特点和实际情况，在确定具体目标时可以借鉴管理学中“SMART”目标管理原则，此原则有利于制定更加具体的目标并能够更加清晰地表述目标。在“SMART”原则中，“S”是指“specific”，即目标是相对具体的，而不是笼统的；“M”是指“measurable”，即目标可以衡量，评价目标的信息或数据比较容易获取；“A”是指“attainable”，即目标必须可以实现，避免设立的目标过高或过低；“R”是指“realistic”，即目标是具真实性的，可以随时检验和监控；“T”是指“time-based”，即目标的达成需要设定一个时限。

第二节　高职高专院校教学质量内部监控的组织体系

高职高专院校教学质量内部监控的组织体系是教学质量内部监控目标体系和教学质量内部监控制度体系的载体，它的构成包括：常规教学质量内部监控组织、教学质量督导团、教师组织和学生组织。其中，教师组织和学生组织是基于全面质量管理理论中的“全员参与”理念加入的，这两类组织并没有形成固定的机构或部门，但却在教学质量监控活动中发挥着极其重要的作用。

一、常规教学质量内部监控组织

高职高专院校常规教学质量内部监控组织是指目前高职高专院校中普遍存在的校级教学质量监控机构、学院（系）教学质量监控机构和教研室。本书第三章在分析高职高专院校教学质量内部监控现状时有过较为详细的论述，故此处不再赘述。

二、教学质量督导团

较之常规教学质量内部监控组织，教学质量督导团是一个相对独立的、有较强针对性的教学质量内部监控组织。“相对独立”是指教学质量督导团基于分离教学管理中的教学质量内部监控职能而建立，并不直接组织教学活动；“针对性强”是指教学质量督导团是专门履行教学质量内部监控职能的机构，它坚守服务教学和教学管理的理念，以不断改进教学质量为目标，在教学质量内部监控活动中发挥着重要的作用。教学质量督导团的组成主要包括教学专家或教学管理专家，他们来自各个专业领域，具有办事公正、爱岗敬业、业务水平高等品质。教学质量督导团的主要工作包括三项：一是反馈和参谋，教学质量督导团在对高职高专院校整体教学工作进行调查研究的基础上，发现教学工作中存在的问题，并向各个部门递送反馈信息，接下来参与和谋划学校的人才培养和师资队伍建设等工作。二是督促和指导，教学质量督导团通过听课、参加实践教学、查看学生作业和毕业设计等活动对教师的教和学生的学进行深入了解，从而使教学活动的规划更加合理。三是评价和建议，教学质量督导团通过对教师教的结果和学生学的结果的考核和评价，提出改进建议，以促进教学活动的良性循环。

三、教师组织

教师在教学活动中发挥主导作用，同时也是提高教学质量的决定性因素，因此教师组织在教学质量内部监控组织中的地位至关重要。教师组织监控的重点在于学生的学习质量，其开展的监控活动主要包括两个方面：一是教师之间组织教学研讨会等，针对教风和学风发表自己的见解，探讨课堂教学和实践教学中存在的问题，并提出改进学生学习质量的方法。二是教师以教学规范作为行为准则，履行教书育人的职责，了解并掌握学生学习的基本状况，并同其他教师以及教学管理人员进行交流沟通，以加强对学生的教育和管理。教师在重视自己如何教的同时还要重视学生如何学，在重视知识传授的同时更要重视学习方法的传授，这样才能更好地对学生的学习质量进行监控，从而培养出专业基础扎实、动手能力强、品德高尚和素质全面的人才。

四、学生组织

学生既是教学活动的对象，又是教学活动的主体。就高职高专院校的教学质量内部监控活动而言，学生组织通常包括学生会和各个班级的教学质量信息员组织。学生组织的监控活动集中体现在学生评教活动上，主要包括针对教师的教学态度、使用的教学方法、讲授的教学内容等提出自己的意见和建议；发表自己在课程设置、学习方法、教材选择等方面的看法。学生评教活动一方面可以加大教师对教学活动的投入力度，激发教师改进教学质量的热情；另一方面也可以调动学生参加教学活动的积极性。需要注意的是，学生评教活动需要特别关注以下三个问题：一要明确学生评教的目的，学校、教师和学生要积极正确地对待学生评教活动；二要建立科学的评教指标体系；三要科学对待学生评教的结果，充分发挥学生评教的诊断和服务功能。

五、扁平化监控组织的构建

全面质量管理理论强调“顾客导向”，为了更好地满足

“顾客”的需求，在构建高职高专院校教学质量内部监控组织时，需要特别关注组织的结构，即要致力于构建扁平化的组织结构。“管理跨度”与“组织层次”是组织管理学中的两个重要概念。其中，管理跨度是指一个上级与它直接指挥的下级之间的数量关系；组织层次是指组织最高层与组织最低层之间所包含的层次。当组织规模相对稳定时，管理跨度越大，组织层次越少；管理跨度越小，组织层次越多。

在高职高专院校教学质量内部监控组织中，如果管理跨度较小，那么组织层次就偏多，组织呈锥形结构；如果管理跨度较大，那么组织层次就偏少，组织呈扁平状结构。在锥形组织结构中，由于管理层次偏多，信息从高到低或者从低到高的运行要经历多个层次，容易导致对质量需求信息的反应所需时间较长，而且信息经历的层次越多，其真实性和准确性也就越低，即便经过了漫长的等待，也未必能获得组织所期望的需求。信息的低效运行以及失真导致质量要求难以满足，这势必给教学质量内部监控带来重重困难，进而导致高职高专院校教学质量内部监控体系的运转不畅。扁平状的组织结构比较贴近受教育者，因此能够提高满足受教育者需求的时效性和准确性，同时也更有利于高职高专院校教学质量内部监控活动的开展。那么，高职高专院校该如何构建扁平化的组织结构？这里可以借鉴国外高等教育机构在实施全面质量管理中的两种做法。第一种做法是通过削减管理部门来减少组织层次。国外的一些高等教育机构在教学质量内部监控活动中撤销了大量职能部门，由校长直接面对教研室，教学质量的信息传达到教研室，再由教研室直接传达至校长。第二种做法是减少和取消副职。在开展教学质量内部监控活动时，国外一些高等教育机构的职能部门通常只设正职。副职的存在虽然没有增加组织层次，但却增加了管理层次。在组织层次难以减少的情况下，可以采取减少和取消副职的做法。

第三节　高职高专院校教学质量内部监控的制度体系

高职高专院校教学质量内部监控的目标体系和组织体系需要制度来连接、界定和规范。构建教学质量内部监控制度体系的重点在于编制一套完备的教学质量内部监控体系文件，并不断完善该文件。教学质量内部监控体系文件作为高职高专院校各个部门开展教学质量内部监控活动的“标尺”，其作用十分突出。借鉴全面质量管理理论和 ISO 9000 族标准，高职高专院校教学质量内部监控体系文件可以划分为五个层次：第一个层次是教学质量方针，第二个层次是教学质量手册，第三个层次是教学过程文件，第四个层次是教学作业文件，第五个层次是教学质量记录。（见图 5-2）

一、教学质量方针

教学质量方针作为高职高专院校全体教职员工必须

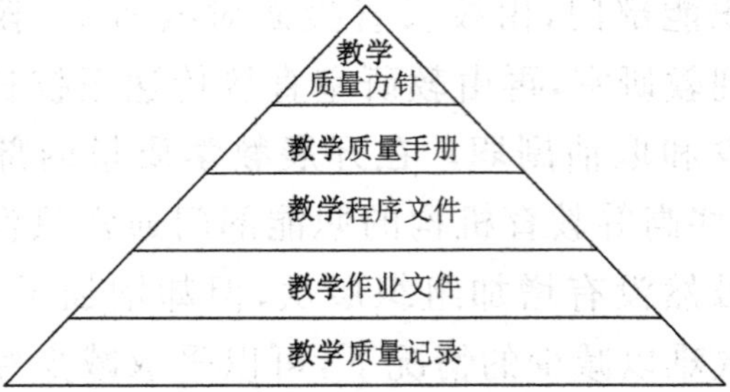

图 5-2　教学质量内部监控体系文件

遵守的行为准则，它充分体现了学校管理者的质量理念，是学校总方针的重要组成部分。教学质量方针主要包括三个组成部分：一是质量宗旨，质量宗旨反映了高职高专院校对教学质量以及教学质量内部监控的态度。此外，它还包括学校对家长、学生、政府和企业等利益相关者做出的质量承诺以及实现这些承诺所遵守的准则。二是质量方向，质量方向主要体现在质量目标的制定上。三是教学质量方针与学校总方针之间的联系与区别，教学质量方针是学校总方针中的一个重要"子集"，其作用不言而喻。高职高专院校在制定教学质量方针时，应该把学校总方针和教学质量方针有机结合，综合考虑学校的发展方向以及有关各方的要求。教学质量方针为高职高专院校教学质量的改进指明了方向和道路，既是学校质量工作的行动纲领，又是学校质量目标的蓝图，为教学质量内部监控的对策选择提供了标准。

二、教学质量手册

教学质量手册既是教学工作和管理工作的行动纲领，又勾勒出高职高专院校教学质量内部监控体系的结构，展现了高职高专院校教学质量内部监控体系的运作状态。教学质量手册是高职高专院校开展教学质量内部监控活动以及制定其他监控体系文件的参考依据，因此具有基础性。按照 ISO 9000 族标准的规定，教学质量手册对学校教学质量内部监控体系的描述应该兼具系统性和整全性，以确保教学质量内部监控活动的顺利开展。高职高专院校的教学质量手册还应尽量与学校其他标准和规定之间保持一致，与此同时，教学质量手册中的各项规定之间也不能出现矛盾。高职高专院校的教学质量手册旨在传达学校的教学质量方针，展示学校教学质量内部监控体系的构成，明晰各主要程序和要求之间的关系，提供教学质量内部监控体系审核所需的各种文件依据，并确保教学质量内部监控体系的顺利运转。

三、教学程序文件

教学程序文件是指由开展教学活动的各种不同途径所组成的文件。就高职高专院校教学质量内部监控活动而言，它显示了高职高专院校教学质量内部监控活动的各个环节和各种程序。教学程序文件主要包括两部分内容：一是“5W1H”，即为何而做（why）、做什么（what）、由谁来做（who）、何时做（when）、何地做（where）以及如何做

(how)。二是教学质量内部监控活动中使用的工具和原材料,以及对教学质量内部监控活动的文件记录。在教学质量内部监控体系文件中,程序文件一方面承接教学质量手册,另一方面又为作业文件和质量记录的编制提供了重要参考。

四、教学作业文件

教学作业文件是教学质量内部监控体系文件的重要组成部分,它既是教学质量手册和教学程序文件的支持性文件,也是对教学质量手册和教学程序文件的进一步细化和补充。具体而言,教学作业文件是指高职高专院校针对各部门的不同职责和分工而具体规定的各种工作要求和准则,主要用于阐明教学过程或教学活动的具体要求和方法。教学作业文件应致力于达到各项教学质量活动责任的明确分配和有效落实,尽量避免各部门出现职责上的缺口或重叠。教学作业文件主要包括规则和岗位作业指导书两类。

五、教学质量记录

教学质量记录是指高职高专院校对已经进行过的教学质量活动留下的记录,用以证明教学质量内部监控体系的有效运行。教学质量记录具有可操作性、可检查性和可见证性等特征。与此同时,教学质量记录包含了大量的客观证据,使高职高专院校的教学质量内部监控活动具有可追溯性,从而可以有针对性地采取各种预防和纠正措施。

除此之外，教学质量记录也为判断高职高专院校的教学质量相关活动是否有效提供了参照标准，现已成为高职高专院校进行数据决策和制定改进措施的重要依据。

第四节　高职高专院校教学质量内部监控的运行机制

高职高专院校教学质量内部监控运行机制的构建建立在高职高专院校教学质量内部监控组织体系的基础之上，即教学质量内部监控组织体系是机制运行的载体。根据高职高专院校教学质量内部监控组织体系的构成，可以把高职高专院校的教学质量内部监控的运行机制分为三个子系统：教学质量策划系统、教学质量监督系统和教学质量控制系统。高职高专院校教学质量内部监控目标体系和教学质量内部监控制度体系，使教学质量内部监控的运行有章可循、有规可依，确保系统的顺畅运转。

一、高职高专院校教学质量内部监控运行机制的构建

监控，顾名思义，就是监督和控制，故此分化出教学质量监督系统和教学质量控制系统。除了这两个系统，还有一个系统必须加以考虑，那就是教学质量策划系统，因为教学质量监控活动离不开学校领导的决策与规划。与此同时，这也符合全面质量管理理论中“依靠高层管理者部署与规划”的观点。教学质量策划系统、教学质量监督系统和教学质量控制系统并非各自独立，而是有所交叉，如

图 5-3 所示。

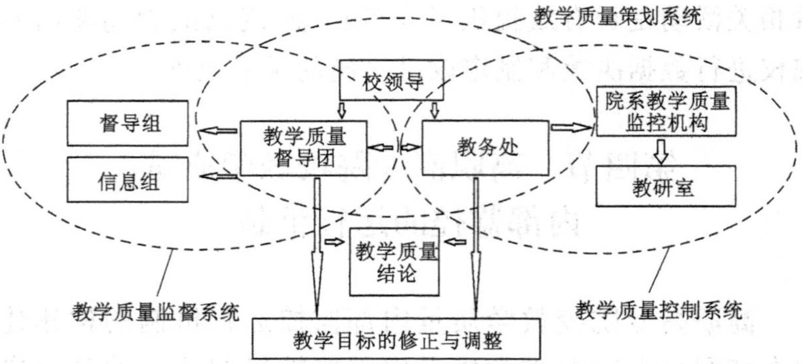

图 5-3　教学质量内部监控的运行系统

其中，教学质量策划系统由校领导负责的校级教学质量内部监控机构和教学质量督导团组成，在这个系统内主要完成教学质量的决策与规划工作；教学质量监督系统由教学质量督导团以及各个督导组和信息组组成，在这个系统内主要完成教学质量的监督与评价工作；教学质量控制系统由常规教学质量监控组织组成，即由校级教学质量监控组织、学院（系）教学质量监控组织和教研室组成，在这个系统内主要完成教学质量的控制与改进工作。

根据全面质量管理理论中的"PDCA"循环模式，教学质量监控活动可以分为四个环节：计划（plan）、执行（do）、检查（check）、反馈（act）。那么，基于"PDCA"循环模式构建的高职高专院校教学质量内部监控的运行机制如下：常规教学质量监控组织以计划（plan）和执行（do）环节为主，专门负责教学质量的控制活动；教学质量督导团以检查

(check)和反馈(act)环节为主,专门负责教学质量监督活动。“PDCA”循环使整个教学质量内部监控体系形成一个封闭的运行系统,这样既可以使常规教学质量内部监控组织有更多的时间开展工作,又可以提高教学质量内部监控的效率,如图 5-4 所示。

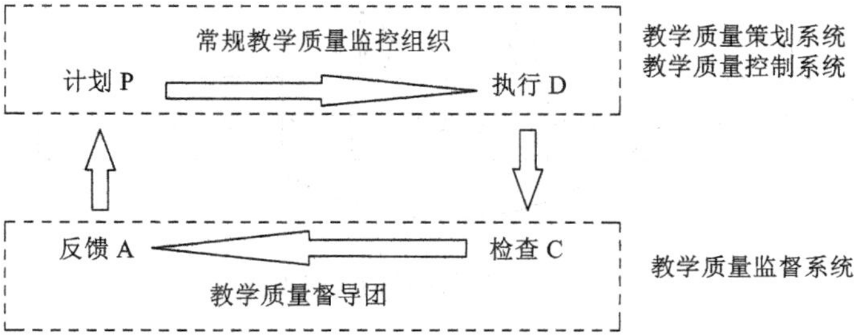

图 5-4　教学质量内部监控的“PDCA”循环

高职高专院校的教学活动包括教学输入、教学过程和教学输出三个环节。教学活动并非从教学输入到教学输出的简单移动,该过程同时包含了教学质量的改进与完善。构建教学质量内部监控的运行机制就是为了保证教学过程的增值转换,并保证教学质量的持续改进,从而有效地实现教学质量目标,如图 5-5 所示。

二、高职高专院校教学质量内部监控体系运行过程中应注意的问题

(一) 确定监控面和监控点

监控面和监控点的确定使高职高专院校教学质量内部监控体系的运行更具针对性,从而有利于提高整个系统

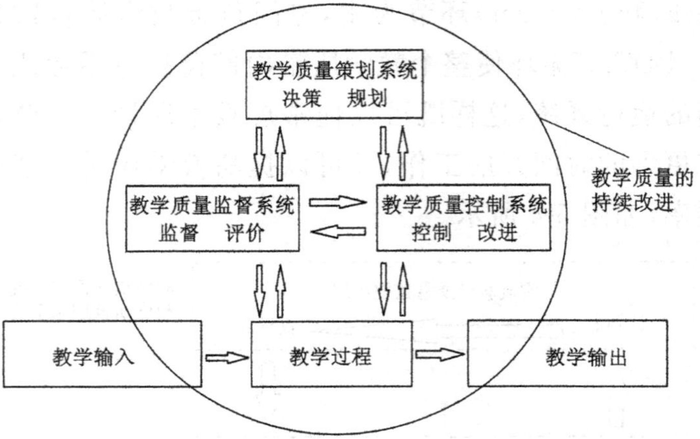

图 5-5 教学质量的持续改进

的运行效率。按照教学活动的三个环节可以确定三个监控面，分别是教学输入监控面、教学过程监控面和教学输出监控面。其中教学输入监控面包括七个监控点：办学思想、专业设置、课程设置、管理制度、师资队伍、生源质量和财物投入；教学过程监控面包括十个监控点：培养计划、教学大纲、理论教学、实践教学、毕业实践、成绩考核、创新教育、素质教育、教风建设和学风建设；教学输出监控面包括三个监控点：毕业生反馈、用人单位反馈和社会评价。

1. 教学输入监控面

在教学输入监控面涉及的七个监控点中，专业设置和师资队伍这两个监控点最为重要，故对它们进行重点阐述。

(1) 专业设置

专业是高职高专院校组织教学和培养人才的基本单元。在专业设置方面，高职高专院校首先要对专业设置是否符合高等职业教育的培养目标进行监控，社会对应用型人才在知识、能力以及素质等方面提出了要求，对专业设置的监控就是要看高职高专院校是否达到了培养目标的要求。其次，高职高专院校要对专业设置的种类是否符合地区、行业经济和社会发展需求，以及专业结构调整的方向是否符合地方经济社会发展和行业、产业结构的调整进行监控。高职高专院校的专业设置应立足于各自院校的资源优势和院校所在区域和行业的发展特点，专业结构调整应具有前瞻性，要建立在对地方经济发展需求和产业结构调整趋势进行分析的基础之上。第三，高职高专院校要对所设专业的口径是否宽严并存、是否保持一定的弹性进行监控。对于专业口径较窄的专业，高职高专院校可以通过不同专业知识之间的融会贯通来丰富专业基础，以拓宽专业口径。在确定专业教学内容时，要注重把握知识的整全性。高等职业教育必须适应社会和市场对技术应用型人才需求的变化，专业设置既要保证整体专业群的稳定性，又要兼顾每个专业大类下的专业设置的灵活性，并使之保持一定的弹性。第四，高职高专院校还应充分考虑是否按照自身的办学基础和资源条件进行了专业设置，是否理顺了骨干特色专业优先发展和其他专业稳步发展之间的关系，是否在市场预测和充分论证的基础上优化了专业的布局结构。

（2）师资队伍

师资队伍建设是提高高职高专院校内部教学质量，形成自身办学特色的“点金石”。一方面，高等职业教育必须重视培养应用技能和实践能力；另一方面，高等职业教育应致力于培养满足社会生产建设第一线需要的技术应用型人才。高等职业教育的这两个基本特征决定了高职高专院校的教师除了具有扎实的理论知识，还必须具有一定的企业实践背景和经验，即高职高专院校的专任教师要具备理论与实践的双重素质，成为“双师型”教师。因此，对师资队伍的监控主要集中在两个方面：一是，高职高专院校要对在职教师情况进行监控。在职教师应根据自身情况，或到相关行业企业参加工程实践、科技研发，或通过进修提高理论知识水平，以达到“双师型”教师的标准。二是，高职高专院校要对兼职教师情况进行监控。高职高专院校应按照教师职务的任职资格要求，从相关行业招聘既具有深厚的理论知识，又具有过硬的职业技能，并且热爱教育事业的高级专门人才担任兼职教师。

2. 教学过程监控面

教学过程监控面确定了十个监控点，此处主要对实践教学、成绩考核和毕业实践这三个监控点进行重点阐述。

(1) 实践教学

实验、实习和实训等实践教学不仅仅是理论教学的补充，更是培养高素质应用型人才必不可少的环节。高职高专院校要建立科学合理的实验、实习和实训教学体系，使学生获得更多的实践机会，使理论教学与实践教学有机结合，努力达到高等职业教育的教学质量标准。此外，高职高专院校还要因地制宜、抓住机遇，通过与企业或用人单位联合办学的方式解决实习实训难的问题，这样既能促进科研开发，又能加强实习实训，从而办出高职高专院校的特色。在对实践教学进行监控时，首先要对实践教学的条件是否合格、实践教学计划是否按照要求执行进行监控。其次要对实践教学所占的比例是否达到高职高专院校教学活动规定的要求，以及各个专业对学生所提出的能力要求和能力标准是否明确进行监控。

（2）成绩考核

学生学业成绩考核是教学过程的一个重要组成部分，它为教学质量的改进提供了依据，对学生的学习、教师的教学和教务部门的教学管理都具有十分重要的意义。对学业成绩考核进行监控，首先要对高职高专院校的师生是否从思想上正确对待学业成绩的考核，对教务管理人员是否以实际行动改善和健全成绩考核制度进行监控，以确保成绩考核能够有效发挥作用。其次要对高职高专院校是否综合运用考查、考试和答辩这几种成绩考核方式，是否在一定范围内允许学生选择相应的考核方式，以及考核方式是否体现了学生的综合能力与实际水平进行监控。

（3）毕业实践

毕业实践是根据毕业生对实际工作岗位的需要进行的毕业顶岗实践，它与就业上岗紧密结合在一起。对毕业实践的监控，主要包括对毕业实践指导的监控和对毕业实践考核的监控。对毕业实践指导的监控要看指导教师是否深入到学生的工作岗位，是否与现场工程技术人员相互配合，共同对学生进行毕业顶岗实践指导。对毕业实践考核的监控，主要看考核是否由校企双方共同组成的答辩委员会组织进行，是否对学生的毕业顶岗实践提出指导建议和修改意见。除此之外，还要对学生是否在“干中学、学中干”，是否做到了理论联系实际和学用结合，是否获得了真正的职业能力和工作经验进行监控。

3. 教学输出监控面

(1) 毕业生和用人单位的反馈

高职高专院校需要通过开展毕业生的跟踪调查对毕业生和用人单位的反馈进行监控，与毕业生和用人单位保持定期沟通，并定期收集他们的反馈信息。具体而言，首先要监控毕业生的就业率和岗位稳定率，并对毕业生的学用结合程度是否达到要求、毕业生是否产生了对用人单位的归属感进行调查。其次要监控用人单位对毕业生的满意程度和认同程度，并通过访谈和发放问卷的方式搜集用人单位的人才需求信息。

(2) 社会评价

高职高专院校对社会评价的监控需要从两方面入手：一方面，要加强与新闻媒体的联系，通过新闻媒体向社会宣传学校的各种信息，并对信息传递是否及时和准确进行监控；另一方面，要了解社会对学校教学质量的评价，并把它作为学校教学质量改进的动力。需要注意的是，社会对学生的认可度是一个关键指标，高职高专院校要时刻关注该指标是否处于一个相对较高的水平。

（二）建立完善的信息运行机制

教学质量的相关信息是广泛的，因此信息收集的渠道以及信息反馈的渠道也需要从多个方面进行关注。教学质量的信息来源既包括高职高专院校的教师、学生和行政管理人员，又包括学校外部的学生家长、毕业生和用人单位等。信息的收集与信息的反馈不仅是信息运行的两个关键环节，同时也是形成闭环监控系统的两个关键环节。能否准确及时地收集信息和反馈信息对于能否及时有效地发现并解决教学中出现的问题、能否保证教学质量以及能否使整个组织朝着既定的目标前进是至关重要的。

1. 信息的收集

信息的收集首先要有一定的制度保障，即高职高专院校必须建立完善的工作记录制度。工作记录制度中要有关于信息收集内容、信息收集方式以及信息收集时间间隔的规定。有了制度保证，信息的收集可以参照质量记录的规定随时进行。数据收集是信息收集的主要途径，通常而言，数据收集包括教学输入的数据收集（基准数据、对比者的数据、环境数据、师资数据和生源等数据）、教学过程的数据收集（教学项目、理论教学和实践教学、教学评估、课程和教学测验等数据）和教学输出的数据收集（毕业率、就业率和考核成绩等数据）。

2. 信息的反馈

信息的反馈是信息运行的另一个重要组成部分。“反馈原理是指系统只有通过反馈信息才能实现控制。控制过程实际上是一个信息流通过程，整个信息流通构成一个闭合回路。反馈是借助受控系统的输出信息反作用于施控系统的输入信息，并对系统的再输出发生影响，从而使系统得到控制和调节的过程。”①在高职高专院校教学质量内部监控体系运行中，要重视高职高专院校内部的信息反馈，建立相应的信息反馈制度，这是教学质量内部监控体系顺畅运行的前提和保障。在教学质量内部监控活动中，常规教学质量内部监控组织要定期召开教学工作会议，通报某个阶段的教学情况，分析该阶段中存在的问题，研讨解决问题的办法，并据此提出下一阶段的工作规划。教学质量督导团可以划分为多个信息组，并督促他们积极参与教研室的活动，深入了解教学工作第一线的基本情况，听取并记录教师的意见和建议。学生会和各个班级的教学质量信息员组织可以在主管学生工作的教辅人员指导下组建动态的学生信息反馈网络，教辅人员要听取学生对各个学院（系）教学工作的看法，并将收集的信息及时反馈到各个学院（系）和教师本人，以便使问题及时得到修正，持续改进教学质量。除此之外，还应高度重视社会对教学质量的信息反馈，主要包括人才市场和用人单位的信息反馈以及往届毕业生的信息反馈。

3. 信息机制运行需注意的若干问题

为了确保高职高专院校教学质量内部监控体系的有

①俞继凤.高校教学质量监控的系统科学分析[J].国家教育行政学院学报，2005(1)：68-72.

效运转，在建立完善的信息运行机制过程中，无论是信息的收集还是信息的反馈，无论是学校内部的信息反馈还是来自社会的信息反馈，都要注意以下几点：一是信息的准确性，准确性是指信息的收集、加工和反馈过程必须是对现实状况的真实反映，捏造的虚假信息是无任何意义的。二是信息的及时性，时效性是信息的重要特性之一，拖延耽误会导致信息失去其使用价值。信息的收集、加工和反馈都要尽量避免时间的拖延。三是信息的完整性，信息的完整性是对信息运行过程提出的更高要求，也是构建完善的信息运行机制必须要达到的目标。四是信息的针对性，高职高专院校内部的各个组织对信息种类、信息详略、信息范围等的需求都是不同的，应根据不同组织的不同需求提供不同的信息。

（三）定期评价

所谓定期评价，就是指评价主体依照一定的评价目标和准则对评价客体进行周期性价值判断的过程。这里的定期评价包括两个层面：一是对高职高专院校教学质量的定期评价，二是对教学质量内部监控运行机制的定期评价。

1. 高职高专院校教学质量的定期评价

教学质量涉及较多变量，难以准确计量。在实践中，通常采用“化整为零”的方法，把教学活动划分为多个教学环节，通过对每个教学环节的定期评价来衡量各个环节的教学质量，最后汇总得出总体教学质量的评定结果。对教学质量的定期评价也是教学质量内部监控活动的有力补充，能够协调和促进教学质量内部监控活动的开展。教学质量定期评价主要检查高职高专院校各部门开展的各项活动是否符合监控体系文件的要求，以及教学质量是否达到了预定的目标。教学质量定期评价的具体内容包括三个方面：一是对教学活动质量的定期评价，主要涉及影响教学活动质量的因素以及对这些影响因素的分析与控制。二是针对“顾客”的教学质量意见和建议，高职高专院校应采取应对措施并对此进行定期评价。三是在高职高专院校教学活动中，质量标准会发生变动，有必要对质量变更的实际效果进行定期评价。

2. 教学质量内部监控运行机制的定期评价

教学质量内部监控运行机制的定期评价是指高职高专院校内部各监控组织依据教学质量内部监控的目标体系和制度体系，通过系统地信息收集和信息反馈，衡量教学质量内部监控体系适应学校需求的程度，并改进监控流程，提高监控效果的过程。高职高专院校教学质量内部监控运行机制的改进和完善需要通过定期评价来推动，它是调整和控制教学质量内部监控体系顺畅运行的基础。依照全面质量管理理论，高职高专院校教学质量内部监控运行机制的定期评价流程如下：运行→评价→改进→再运行→再评价→再改进……教学质量内部监控运行机制的定期评价实际上起到了“监控监管体系”的作用。教学质量内部监控运行机制的定期评价是在教学质量定期评价的基础上进行的。定期评价的重点在于检查监控体系的现状并验证该体系在高职高专院校中的适用程度。定期评价的周期要按照高职高专院校教学质量内部监控体系运行的实际情况来确定。具体评价的内容应该包括三部分，分别为:教学质量内部监控体系符合实际需求的程度和预期监控目标的实现程度,教学质量的定期评价结果,以及教学质量内部监控运行机制的定期评价结果。

（四）持续改进

持续改进的目的在于完善高职高专院校教学质量内部监控的运行机制,提高运行系统的适应能力。教学质量内部监控运行机制的持续改进分为两种:一是经常性改进,二是大程度改进。

1. 经常性改进

经常性改进可以利用戴明的“PDCA”循环模式来实现。戴明的“PDCA”循环模式是改进教学质量内部监控运行机制的基本模式,它适用于监控运行机制的各个组成部分以及运行机制各个环节的改进。“PDCA”循环模式不仅在教学质量内部监控运行机制的改进过程中得到重用,甚至还被应用于运行机制的构建过程。然而,“PDCA”循环模式较少考虑持续改进的阻碍因素,这在一定程度上限制了其效用的发挥。当教学质量内部监控运行机制的改进遇到较大的阻力,或者需要大幅度改进时,“PDCA”循环模式将不再适用,此时应采用科特·勒温(Kurt Lewin)的系统变革模式。

2. 大程度改进

大程度改进可以利用科特·勒温的系统变革模式来

实现。科特·勒温认为成功的系统变革应该遵循三个步骤。[①] 第一个步骤是“解冻”。在勒温看来，每个系统的内部和外部都存在着两股不同的力量，其中一股是推动系统变革的力量，而另一股则是使系统保持现状的力量。当两股力量不相上下时，系统达到均衡状态。若要实现系统的变革，势必要打破系统的均衡状态，也就是“解冻”。“解冻”是在变革动力大于变革阻力的前提下实现的。第二个步骤是“移动”。即系统在“解冻”之后将移动至新的状态，在“移动”的过程中，系统变革的动力始终大于变革的阻力。第三个步骤是“冻结”。移动至新状态的系统在初始阶段是十分脆弱的，且较容易返回之前的旧状态，因此必须通过“冻结”对改革成果进行巩固，如图 5-6 所示。此外，

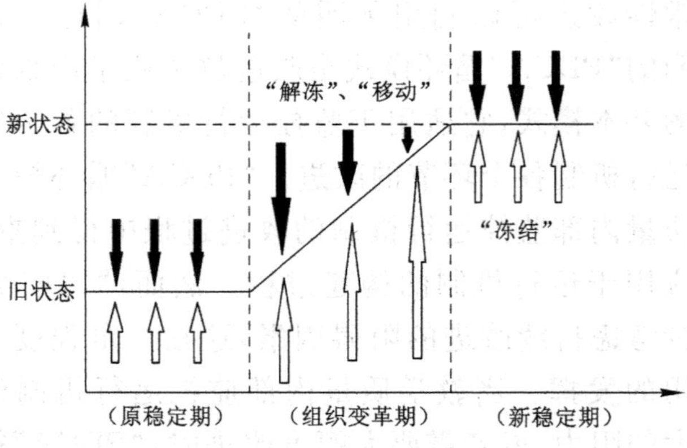

图 5-6　科特·勒温的系统变革模式

①[美]罗伯特·欧文斯.教育组织行为学[M].窦卫霖，译.上海：华东师范大学出版社，2001：273-275.

系统在必要时还可进行“再解冻”“再移动”“再冻结”，对系统进行持续改进。系统变革模式的特点在于改进程度大，这种模式适用于大型改进或整个系统的改进。

当高职高专院校的教学质量改进涉及诸如利益分配等重大改进举措时，势必会遇到较大的改革阻力。按照科特·勒温的组织变革模式，高职高专院校在进行大型质量改进时，首先要根据学校教学中存在的问题寻找变革的重点和依据，并通过扩大宣传的方式让全体教职员工认识到变革的重要性，争取变革的支持，减少变革的阻力。其次，高职高专院校还应制订较为全面翔实的改革规划，从全局考虑改革可能对学校带来的影响。再次，高职高专院校应采取以新代旧的试点方式确定学校改革的力度，之后采取相应的改革措施，并通过制度建设来巩固学校的改革成果。

第六章 高职高专院校教学质量内部监控体系的实践与应用

本章分别选取一所高等职业院校——宁波职业技术学院和一所高等专科学校——广西幼儿师范高等专科学校作为案例，通过考察这两所学校的实践样态，对高职高专院校教学质量内部监控体系的实践与应用进行研究。

第一节 宁波职业技术学院的实践样态

宁波职业技术学院是1999年由教育部批准成立的从事高等职业教育的全日制普通高等教育机构，2005年被评为全国职业教育先进单位，是国家首批示范性高等职业院校，浙江省五所重点建设高职院校之一，教育部首批现代学徒制试点院校，商务部中国职业技术教育援外培训基地等。学校地处由宁波经济技术开发区、保税区、大榭开发区、出口加工区及北仑港区组成的宁波北仑新区，下设8个二级学院，形成与浙江省和宁波市主导产业高度匹配的智能装备制造类、应用化工类、电子信息类、港口物流电商类等6个专业群、33个专业，并打造了一批优势专业和特色专业。现有全日制高等职业教育在校生9000多名，非全日制学生和各类培训人员16000多人。宁波职业技术学院以“校企合作有效化、教育信息化、办学国际化”和“跨界、跨境、跨专业”的“三化三跨”为学校新一轮内涵发展战略。创新推进政校企三方联动的合作办学体制改革，不断深化产教融合、校企合作机制，充分发挥理事会在整合社会资源办学、推动校企合作育人等方面的作用，创新形成“地市共建、区校合作、院园融合”地方高职院校办学体制和产学合作机制。学校与地方开展全面战略合作，紧紧围绕地区经济发展需求，与各级政府携手成立宁波开发区数字科技园、宁波服务外包学院、宁波市现代服务业产业基地、人力资源开发服务基地、科技创新服务中心、大学生创业园、中小微企业创业基地等；与余姚市政府共建中高职衔接的阳明学院，共同探索中高职一体化办学管理体制。学校创新成功教育模式，营造“人人皆可成才、人人尽展其才”的良好环境，建设形成成功大学、思源基金、班集体特色项目、校友名片工程、非遗文化传承、创新创业等一系列校园文化品牌项目。

一、宁波职业技术学院教学质量内部监控体系的主要内容

宁波职业技术学院的教学质量内部监控体系内容涵盖了教学的输入质量、教学的运行质量和教学的输出质量。其中，教学输入质量主要包括办学思想、专业设置、课程设置、管理制度、师资队伍、生源质量和财务投入等七个

要素。具体而言，办学思想要求定位准确，思路清晰，培养目标和教学中心地位明确等；专业设置要求调研充分，论证充实，符合市场需求且计划周密等；课程设置要求改革教学内容，整合重组课程，按照平台构建课程体系，处理好公共基础课、专业基础课、专业课、必修课和选修课的关系等；管理制度要求规章制度科学，教学文件齐全，管评工作规范，教学档案完整等；师资队伍要求重视"双师"队伍建设，教师队伍的年龄结构和职称结构合理，培养和选拔专业带头人和专业骨干教师等；生源质量要求按照新生录取标准和程序录取新生等；财务投入要求教学经费充足，设施设备齐全，图书资料丰富和教学环境良好等。

宁波职业技术学院的教学运行质量主要包括教学大纲、培养计划、理论教学、实践教学、成绩考核、毕业实践、素质教育、创新教育、教风建设和学风建设等十个要素。具体而言，教学大纲要求符合培养目标，具有高等职业教育特色且理论联系实际等；培养计划要求理论教学与实践教学并重，重视素质和能力等；理论教学要求基础理论坚持"必需"和"够用"，基本知识概念清楚、知识面宽泛等；实践教学要求确定核心能力和能力标准，重视培养动手能力、技术技巧、分析解决实际问题的能力等；成绩考核要求推行考试改革，重点考核知识的应用和实际能力，考试制度合理、组织严密、成绩真实等；毕业实践要求毕业实习、毕业设计和毕业论文的教学安排恰当，保质保量等；素质教育要求实施素质拓展计划，推进"三育人"活动，重视校园文化建设等；创新教育要求各门课程都要贯穿创新理念，为学生提供创新科技园地等；教风建设要求教师热爱学生，教书育人，为人师表，知识渊博等；学风建设要求学生尊敬师长，刻苦钻研，遵守纪律，积极实践等。

宁波职业技术学院的教学输出质量主要包括毕业生反馈、用人单位反馈和社会评价等三个要素。具体而言，毕业生反馈要求通过毕业生就职后的实践感悟提出对学校教学工作的意见和建议；用人单位反馈要求根据毕业生就职后的表现提出对学校教学工作的意见和建议；社会评价要求积极收集社会各利益相关方对学校教学工作的意见和建议。

二、宁波职业技术学院教学质量内部监控体系的实施环节

教学质量内部监控的目的在于实现人才培养目标和保证人才培养质量。宁波职业技术学院的教学质量内部监控体系从管理的控制功能出发，抓住了影响学校教育教学质量的主要因素，并加以监督、控制和调整，据此实现学校教育教学的最优化目标。宁波职业技术学院的教学质量内部监控主要依靠学校领导、教务部门、督导部门、学生工作部门、教师和学生来执行，如图 6-1 所示。

（一）对教学输入质量的监控

宁波职业技术学院对教学输入质量的监控主要集中在办学思想、专业和课程设置、管理制度三个方面。首先，要取得教育教学改革的成功，提高教育教学的质量，办学思想的更新是关键。宁波职业技术学院每年都组织全校

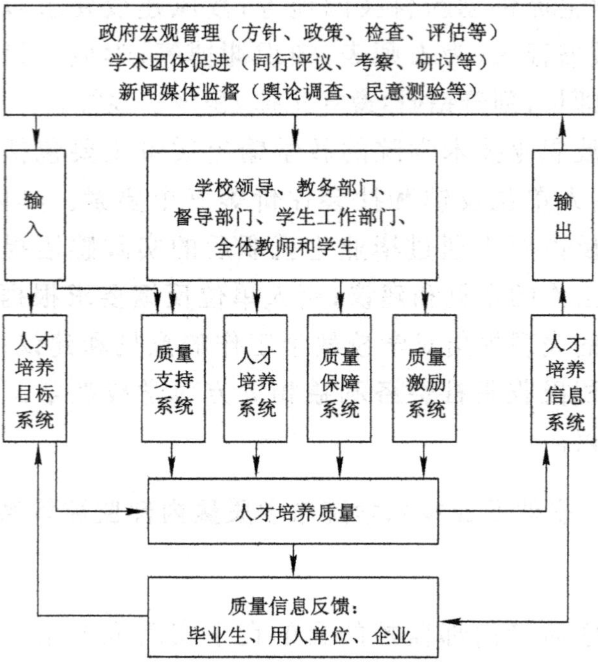

图 6-1 宁波职业技术学院教学质量内部监控体系的运行程序

性的教育思想大讨论，以统一教育观、思想观、人才观和质量观。其次，专业和课程设置由教务部门会同分院领导、专业教研室主任，在充分进行社会调查的基础上制订修改方案，并征求专业教学指导委员会（主要来自企事业单位）及学校教学委员会的意见。新专业的论证会还邀请地方经济建设计划管理部门和人才交流中心的专家共同参与，尽可能让学校的专业与课程设置符合社会需求。再次，教学管理制度主要由学校的教务部门负责制定和实施，学生工作管理制度主要由学校学生工作部门负责制定和实施。

（二）对教学运行质量的监控

课堂教学是学校教学工作的主要形式。宁波职业技术学院非常重视对课堂教学的评教活动，包括督导评教、同行和领导评教、学生评教和行业专家评教。通过评教对教师的课堂教学质量做出综合评价。具体而言，在督导评教方面，学校《督导室工作条例》规定，督导室由专职督学及退休的教授、专家组成，以督导检查全院的教学工作。同时，督导室成员要深入研究学校教学改革与建设中存在的问题，有针对性地为学校教育教学改革与发展提出改革措施和决策咨询，协助教学部门开展教学评估、评价和对教师教学工作的考核，指导学校下属的各教学单位督导组的工作。学校坚持每月教学督导工作的例会制度，通过情况通报、分析问题和研究措施，使学校的教学及其管理工作科学化和规范化。在同行和领导评教方面，学校坚持“以教学工作为中心”的原则，实施教师互相听课的制度，并要求各级领导深入教学第一线进行听课，以了解教学情况，实施对教学质量的直接监控。同行和领导评教必须按照学校制定的《教师听课评价表》对评课对象做出逐项评价。在学生评教方面，作为教学活动的主体，学生应该对教师的课堂教学质量拥有自己的发言权。学校通过学生填写《课堂教学情况学生评教表》和课堂日志、建立学生信息员队伍、召开学生座谈会等方式，对教师的课堂教学做出评价。在行业专家评教方面，学校邀请行业专家（专业委员会成员）参与技能课、工艺课及专业前沿知识的评课活动，征求他们对上课内容和教学方法的意见和建议，邀请他们参加能力考核和评定工作。[①]

实践教学和素质教育是形成高等职业教育教学特色和提升高等职业教育教学质量的关键环节，也是教学质量内部监控活动的重要内容。一方面，对实践教学环节进行监控，宁波职业技术学院开展了以下五项工作：对实践教学所占的比例是否达到规定要求进行审核，对专业所确定的能力及其标准是否明确做出评价，对开展实践教学的条件提出建议，对实践教学计划的执行情况进行检查并做出评价，对学生能力考核的组织工作和实施情况进行检查和评价。另一方面，为了把素质教育工作落到实处，宁波职业技术学院开展了以下四项工作：检查并评价素质教育的实施方案，检查"三育人"活动的开展工作，检查"素质拓展计划"的落实情况，并对校园文化建设做出评价和提出建议。

教学大纲、授课计划和成绩考核等是教学工作的基本环节。宁波职业技术学院的教学管理部门会同督导室在每个学期的期初和期中都要进行例行的集中检查。在学期初，主要对上个学期末的期末考试、成绩评定、毕业考试、毕业论文、毕业设计和毕业成绩评定等情况进行检查；在学期中，主要对各个专业教研室的授课计划执行情况和教师课堂授课、实验开设及实习、实训等情况进行检查。在例行检查的基础之上，召开教师和学生座谈会，将发现

①郑卫东，毕蓉. 构建高职院校教学质量保障体系的研究与探索：从数据采集走向数据管理[J]. 教育发展研究，2011(11)：79-82.

的问题及时反馈到各个有关部门及教师本人,从而把教学检查工作真正落到实处。

(三)对教学输出质量的监控

宁波职业技术学院对教学输出质量的监控主要集中在毕业生和用人单位反馈意见以及社会评价两个方面。首先,有关毕业生和用人单位反馈意见的工作由招生就业办公室和学生工作部门、教务部门、督导部门共同完成。宁波职业技术学院建立了毕业生跟踪调查制度,定期与毕业生及用人单位保持联系,征求他们对学校教学工作改进的意见和建议。其次,宁波职业技术学院非常重视社会评价工作,学校的每一个专业都成立了以企事业单位及科研单位专家为主的专业教学指导委员会,并通过定期开展研究活动征求他们对教学工作的意见和建议,深入了解并认真分析社会上不同利益相关者对学校的各种评价。与此同时,宁波职业技术学院还加强与新闻媒体的联系,不仅对学校的各种消息进行通报,而且通过媒体及时了解社会各界对学校的评价,据此改进教学工作。

三、宁波职业技术学院教学质量内部监控的主要特色

通过对产学研结合的监控来提高人才培养质量是宁波职业技术学院教学质量内部监控的主要特色。产学研结合培养技术应用型人才是发达国家培养经济社会建设第一线实用人才的成功经验,也是形成高等职业教育人才培养特色的基本途径。宁波职业技术学院在产学研合作的方式、途径和运行机制等方面进行了积极探索,建立互

利互惠的合作机制，并对产学研的关键环节进行了监控，确保教学质量的稳步提高。具体而言，宁波职业技术学院对产学研结合的监控工作主要体现在以下四个方面。一是加强对企业参与教学活动的监控。学校对是否根据企业或行业所提供的人才需求信息及时设置和调整专业，是否邀请企业的技术人员、管理人员对人才的培养规格、专业所对应的职业岗位（群）能力及能力标准提出意见，是否邀请企业的技术人员和管理人员参与设计课程体系、确定课程内容、参与制定和审查教学计划等进行了重点监控。二是加强对“双师型”教师队伍建设的监控。宁波职业技术学院对是否从企业中聘请有丰富实践经验的技术人员到学校担任专业或专业基础课的教学以及指导实习、毕业设计工作进行了监控。此外，学校还对是否经常派教师到企业实践或到企业兼职，是否与企业技术人员合作共同从事科技研发工作，通过增长实际才干推动“双师型”教师队伍建设进行了监控。三是加强对实习实训基地建设的监控。对于高职高专院校而言，仅仅依靠自身的实力建设各种实习实训基地是不可行的，也是不必要的。宁波职业技术学院对是否充分利用了企业资源建设校外实习实训基地进行了监控。除此之外，学校还对校内实习实训基地建设的具体方案、教师在校内实习实训基地建设中承担的任务等进行了监控。四是加强对学生职业素质培养的监控。宁波职业技术学院学生的毕业设计或毕业论文可在企业真题真做，毕业实践也可根据学生的工作意向通过顶岗实习来完成。因此，学校对学生是否通过到企业实习或劳动进行职业素质的锻炼进行了监控，还对是否将企业文化和精神引入到学校，是否邀请企业专家和领导来校作讲座，以培养学生的职业素质和创业意识进行了监控。

第二节 广西幼儿师范高等专科学校的实践样态

广西幼儿师范高等专科学校的前身是1938年我国著名幼儿教育家张雪门创办的北平香山慈幼院桂林分院广西幼稚师范学校。2009年3月，学校经教育部批准升格为广西幼儿师范高等专科学校，现为广西唯一一所独立建制的幼儿师范高等学校，直属广西壮族自治区教育厅管理。广西幼儿师范高等专科学校是学前教育教师的摇篮，学校现有两个校区，分别在南宁和平果，校园占地总面积达639亩，总建筑面积约为17.11万平方米。目前，学校有全日制在校生7769人，教职员工421人，其中副高级以上职称63人。学校目前设有6个教学系部，开设了21个专业方向。学校紧紧围绕“以教学为中心，面向全体，全面发展，学有所长”的育人宗旨，坚持立足于“以人才培养工作为中心，提高学生的综合能力和学校贡献力”的目标办学，构建“以德为本，以知识为基础，以能力为本位”的人才培养模式，弘扬“艰苦奋斗，诚实做人”的传统，秉承“知行合一，见贤思齐”的校训，建设“尊师爱生，谦和向上”的校风，“因材施教，教学相长”的教风，“好学善思，学以致用”的学风，加强内涵建设，全面提高教学质量。学校创办以来，共为社会培养了10万多名幼儿教育人才。学校培养的毕业生综合素质高,受到社会的广泛认可和好评。广西幼儿师范高等专科学校在积极推进教学建设与改革的同时,亦十分重视教学质量的提升。学校建立了规范的教学质量内部监控体系,增强了全体教职员工以及广大学生的教学质量意识,提高了教学质量内部监控活动的科学性和针对性,保证了人才培养的质量。

一、广西幼儿师范高等专科学校教学质量内部监控体系的基本情况

(一) 教学质量内部监控目标体系建设

广西幼儿师范高等专科学校的教学质量内部监控目标主要包括教学质量目标和教学保障目标。其中,教学质量目标作为外界了解学校、评价学校教学质量的依据和参考,其设计突出了对课堂教学和实践教学的重视,为学校教学质量内部监控活动指明了方向,激励了学校教职员工的工作热情。教学保证目标对学生学习质量和教师教学质量提出了要求,对教师教学质量标准和学生学习质量标准做出了合理的选择。

(二) 教学质量内部监控组织体系建设

在常规教学质量内部监控机构建设方面,广西幼儿师范高等专科学校的常规教学质量内部监控机构由主管教学副校长、教务处、系部教学副主任、教研室和教学秘书等组成,他们各司其职,构成了较为完善的常规教学质量内

部监控机构。

在教学质量督导团建设方面，广西幼儿师范高等专科学校的教学质量督导团主要由教学经验丰富、教学效果良好、熟悉高职高专院校教学规律、有较高威信，具有副高级及其以上专业技术职称的热爱教学研究和教学改革的退休或在职教师组成。教学督导员的工作如下：一是通过听课和现场观摩等方式了解理论教学和实践教学的开展状况，掌握学校教学质量的整体水平。听课和现场观摩都是随机选取的，预先并不通知。教学督导员一般在课余时间同任课教师交流，交流的内容包括教学活动中出现的问题、改进建议等，以利于提高教师的教学水平。二是调阅教学文件与资料并对之进行分析。调阅的文件和资料主要包括学生的作业、实验报告、考卷和毕业论文，教师的教案和讲稿等，在对它们进行分析之后强调及时反馈。三是通过问卷调查、开展相关访谈，以及与教职员工和学生进行沟通等方式对教学过程进行督导。

在教师组织建设方面，广西幼儿师范高等专科学校的教师组织参与的教学质量内部监控活动主要集中于同行评价和教师自评两个方面。学校在开展同行评价和教师自评时，特别关注评价的全面性，即确保每个教师都参与到评价活动中来，以充分发挥教师组织在教学质量内部监控活动中的作用。同行评价和教师自评都需要填写评价表格等备查材料，备查材料保存在各个系部。

在学生组织建设方面，广西幼儿师范高等专科学校的学生组织参与的教学质量内部监控活动主要集中在学生评教方面。学生评教的方式主要包括网评和学生座谈等，并鼓励学生直接向教务处报告教学质量问题。学生通过填写《广西幼儿师范高等专科学校教师课堂情况记录表》，对教师上课情况进行具体记录，查看是否出现了教师迟到、早退和代课等现象，以及是否存在教师上课打电话、玩手机、宣讲违法违规教学内容以及对学生课堂纪律不管不问等行为。

（三）教学质量内部监控制度体系建设

广西幼儿师范高等专科学校的教学质量内部监控制度体系建设主要体现在学院颁发的制度上。学校先后颁布了一系列的制度文件，比如：《教学督导制度实施办法》、《教学质量监控管理规程》、《课堂教学质量评价实施办法》、《听课制度实施办法》、《教学检查制度实施办法》、《教学信息员制度实施办法》等，这些政策文件为学校教学质量内部监控活动提供了参照标准，为学校教学质量指明了发展目标和方向，保障教学质量内部监控活动的顺利开展和教学质量的不断完善。

（四）教学质量内部监控的运行机制

广西幼儿师范高等专科学校教学质量内部监控体系由目标、决策与执行、监测、评估、信息分析与反馈五大子系统构建而成。具体而言，目标系统是由学校定位和人才培养目标构成，是整个教学质量内部监控体系的起点和目标。决策与执行系统是由学校领导、教学指导委员会、课程建设委员会、教材建设委员会、毕业实习指导委员会、考试违纪处分领导小组、教学事故处理委员会、教务与科研管理处、学工处等职能部门以及各个系部共同组成，是整个教学质量内部监控体系的中枢。监测系统是由课堂教学检查、实验教学检查、课程考核检查、实习工作检查、毕业论文（设计）检查、毕业生质量分析、教风学风检查、教学奖励评定、教学事故认定及处理等构成，是整个教学质量内部监控体系的关键点。评估系统是由系部教学工作水平评估、教研室评估、专业与课程评估、教材评估、优质课评比、课堂教学质量评估等组成，是整个教学质量内部监控体系的落脚点。信息分析与反馈系统是由以教学督导员、教学信息员等为主体构成的经常性评价信息分析与反馈，专项研究调查的调查信息分析与反馈，以学校网站的"书记信箱"和"校长信箱"、教务与科研管理处网页的"信息反馈"为主的网上信息分析与反馈等组成的多渠道信息分析与反馈系统。教学质量内部监控体系的运行程序如图 6-2 所示。

二、广西幼儿师范高等专科学校教学质量内部监控体系存在的问题

（一）教学质量内部监控目标体系存在的问题

首先，广西幼儿师范高等专科学校教学质量内部监控目标的建设主要集中于教学质量目标和教学保证目标，而对教学投入目标的设计较少，即教学质量内部监控的目标体系并不完善，由此导致教学质量内部监控活动中人的因素、物的因素和管理因素三者之间的配置效率不高，影响

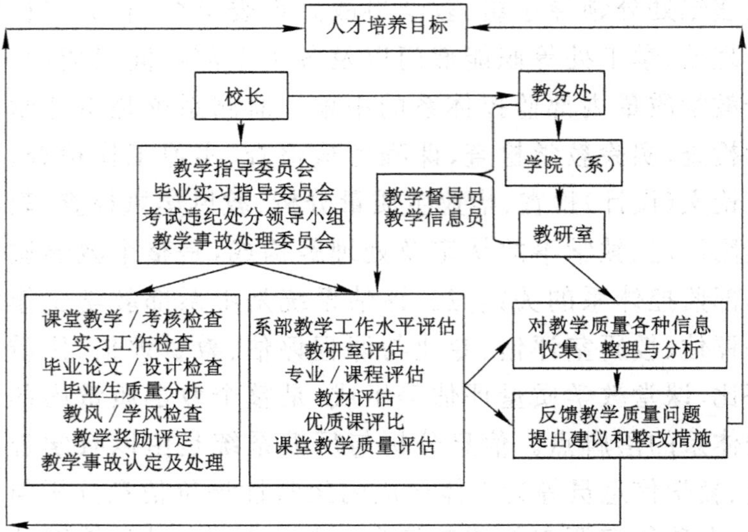

图 6-2　广西幼儿师范高等专科学校教学质量内部监控体系的运行程序

教学质量内部监控目标的达成。其次，在教学质量目标的设计中，比较重视课堂教学，而对用人单位反馈意见、社会评价等的重视程度不够；对教学质量目标的可比性和质量持续改进的特性也缺乏较为全面的考虑。再次，在教学质量保证目标的设计中，缺少对综合评价切入点的选择，影响了对教学质量内部监控活动整体推进情况的评估。

（二）教学质量内部监控组织体系存在的问题

在广西幼儿师范高等专科学校教学质量内部监控组织体系中，常规教学质量内部监控组织发挥着积极的作用，并且建立了相对较为健全的教学质量督导团。教师组织对教学质量内部监控的活动多集中于同行评价和教师自评两个方面，而教学研讨会的开展较少，这样容易导致教师所参与的教学质量内部监控活动流于形式。在学生组织参与的教学质量内部监控活动中，学生学期初、学期中和学期末的评教系统尚未建立。对学生评教的结果缺乏科学的分析，容易导致学生评价的诊断和服务功能无法正常发挥。

（三）教学质量内部监控制度体系存在的问题

广西幼儿师范高等专科学校的教学质量内部监控制度的构成较为零散，不具备系统性。制度的建设停留在程序文件和作业文件的层面，没有形成教学质量手册。教学质量手册不仅是教学质量内部监控的纲领，而且是教学及相关工作的“法规”，它的缺失会影响教学质量内部监控活动中其他制度文件的编制，进而影响教学质量内部监控活动的系统展开。除此之外，在程序文件和作业文件之下也缺少更加具体详细的质量记录，由此导致教学质量内部监控工作的可追溯性不强。

（四）教学质量内部监控运行机制中存在的问题

广西幼儿师范高等专科学校教学质量内部监控运行机制中主要存在三个问题：第一，教学质量内部监控体系没有确定合理的监控面和监控点，导致监控体系运行的针对性不强，运行的效率不高。第二，评估系统中缺少对教学质量内部监控运行机制的评价，由此对教学质量内部监控运行机制的价值判断造成了影响，进而影响了教学质量内部监控流程的改进和教学质量内部监控效果的提升。

第三，广西幼儿师范高等专科学校没有明确提出教学质量内部监控体系的持续改进方案。在体系运行过程中，某些项目或标准需要及时改进，以完善监控体系，使之更好地适应新情况。持续改进方案的缺失容易导致教学质量内部监控体系的适应性和适用性较差，进而影响教学质量的持续提升。

三、广西幼儿师范高等专科学校教学质量内部监控体系的改进建议

（一）提高相关主体的参与程度

广西幼儿师范高等专科学校教学质量内部监控活动离不开学校内部全体教职员工及各类“顾客”的积极参与。一方面，全面质量管理理论强调以“顾客”的需求为关注焦点，学校必须认真聆听各类“顾客”的需求，增加与各类“顾客”交流和沟通的机会，这样才能激发各类“顾客”参与学校教学质量内部监控活动的热情。另一方面，单一的评价活动无法满足全员参与的需求，学校必须丰富教职员工和各类“顾客”参与教学质量内部监控活动的形式。这对教师和学生来说尤为重要，广西幼儿师范高等专科学校需要在完善评价活动的基础上创新教学质量内部监控活动的形式，并为教师和学生提供参与多样化监控活动的机会。

（二）加强监控活动的过程管理

全面质量管理理论认为质量的形成是一个过程，需要对过程管理加以重视。教学活动包括教学输入、教学过程

和教学输出三个紧密联系的环节。广西幼儿师范高等专科学校的教学质量内部监控活动也应根据这三个环节具体展开。首先,在教学输入环节,广西幼儿师范高等专科学校应增加对教学投入目标的设计,使之与教学质量目标和教学保证目标相结合,促进管理因素、人的因素和物的因素相互协调,形成完善的目标体系,在顺利实现各个分目标的基础上最终达成教学质量内部监控的总目标。其次,在教学过程环节,广西幼儿师范高等专科学校应合理设置监控面和监控点,通过"点面结合"的监控项目设置提高学校教学质量内部监控活动的针对性;再次,在教学输出环节,广西幼儿师范高等专科学校应重视对运行体系的评价,充分发挥评价的导向、检查、监控和激励功能,提高学校教学质量内部监控活动的效果,保障学校教学质量内部监控体系的顺畅运行。

(三) 增强职能部门的持续改进意识

广西幼儿师范高等专科学校应重视增强学校各个职能部门以及每个职能部门的每名工作人员的持续改进意识。首先,学校应加强对教学质量持续改进工作的宣传,使持续改进的意识渗透到学校教学质量内部监控体系运行的各个层次和环节。其次,学校应督促各个职能部门及其工作人员做出有关学校教学质量内部监控体系持续改进的承诺,并促进各个职能部门制定关于学校教学质量内部监控体系持续改进的方案。有了承诺和方案,学校教学质量内部监控体系运行中各个环节需要改进的项目和任务才有可能达成。

（四）重视教学质量内部监控的制度建设

在广西幼儿师范高等专科学校教学质量内部监控活动中，校级领导必须带头更新质量观念并转变领导方式，树立以“顾客”需求为关注焦点的质量意识，制定学校中长期教学质量发展规划，完善教学质量内部监控的制度体系，通过制度建设创造良好的质量文化氛围，培育符合全面质量管理要求的学校文化。针对广西幼儿师范高等专科学校在制度体系建设中存在的问题，可从下述两个方面入手：一是督促零散的制度文件形成质量手册，这样监控制度才更加系统，监控活动才更加规范；二是确保制度文件更加具体，通过增加质量记录提高教学质量内部监控活动的可追溯性。

第七章　高职高专院校教学质量内部监控体系的优化策略

高职高专院校教学质量内部监控体系的优化是一项全过程、多层面的系统工程。唯有牢固树立与时俱进的质量意识、创新发展的责任意识，营造全员参与、全程覆盖和全方位育人的氛围，常抓不懈、循序渐进，才能推动高职高专院校教学质量内部监控体系的不断优化。

第一节　把握教学质量内部监控核心理念

把握教学质量内部监控的核心理念，首先需要树立质量意识。高职高专院校教学质量内部监控体系构建的根本目的在于提高人才培养质量，因此对每个环节、每个细节和每个监控点的设计，都要紧紧围绕这个根本目标来进行。在高职高专院校教学质量内部监控体系的运行过程中，也要不断对现有的工作机制、工作过程和工作结果进行反思，确保能够及时发现人才培养过程中存在的质量问题，并能及时采取相关改进措施。除此之外，还要将质量与效益相结合，把学生就业质量和家长、企业等利益相关者对人才培养工作的满意度作为标准，检验教学质量内部监控体系的有效性。

把握教学质量内部监控的核心理念，其次需要明确目标和标准。一方面，在高职高专院校教学质量内部监控活动中，每项工作、每个岗位和每名工作人员都要有明确的目标。高职高专院校可以把完善学校的“十三五”规划作为切入点，分层制定学校总体规划和各个部门、各个项目的分规划，并将目标任务分解细化到每个部门的每名工作人员。与此同时，高职高专院校还要进一步梳理各个部门的岗位职责，明确各自工作的规范目标。另一方面，明确的标准是高职高专院校教学质量内部监控的基本尺度，主要包括静态的工作结果标准和动态的工作过程标准。以学生层面的监控为例，既要有对育人达成度的工作结果标准，也要有对教学活动中学生满意度的工作过程标准。不仅要保持标准的相对稳定，而且还要及时修订，尤其是在一个监控周期结束之后，需要依照发现的问题及时修订监控标准。

把握教学质量内部监控的核心理念，再次需要兼顾规则和创新。所谓规则，是指高职高专院校在制定教学质量内部监控方案时，要明确各项工作的流程、要求和推进机制。教学质量内部监控活动的推进需要在全体教职员工和学生中强调规则意识，要求教职员工和学生以目标标准为引领，按照既定规则进行工作和学习。所谓创新，是指高职高专院校的教学质量内部监控是在各个学校现有基础上的持续改进。在推进教学质量内部监控活动时，由于各个学校现状不同,进行监控的要点和方法也存在差异,这就需要在制定方案和推进工作时,不能照搬其他学校的做法,而要根据本校的实际情况,突出问题导向,在贯彻上级政策文件要求和符合教育教学规律的前提下,进行创新性的设计和推进。

第二节　提升教学质量管理的信息化水平

随着信息技术的快速发展,信息化浪潮已经渗透到社会的各个领域。教学质量内部监控也要充分利用现代信息技术,通过信息的即时采集、分析和应用,提高监控工作效率。所以,高职高专院校在开展教学质量内部监控活动时,必须同步推进教学质量管理的信息化水平,加强人才培养工作状态数据采集与管理平台建设。数据采集与管理平台涵盖了高职高专院校人才培养工作的关键指标,能够比较客观地反映高职高专院校的办学情况,使学校能够全面、实时掌握各个专业的人才培养信息,是高职高专院校教学质量内部监控体系运行的基础。

高职高专院校加强人才培养工作状态数据采集与管理平台的建设与应用,发挥人才培养工作状态数据在教学质量内部监控活动中的基础作用,应该从下述两个方面入手:一方面,高职高专院校要开发优化本校的人才培养管理信息系统,既与教育主管部门基本状态数据库的相关要求保持一致,又与学校教务系统的信息实现有效对接。建设一支技术过硬的数据信息管理队伍,在满足人才培养工作状态数据采集与管理平台要求基础上，结合本校信息化建设的实际，优化数据结构和完善平台功能，做好数据的整理、分析和挖掘，构建完善的质量预警机制，尽早消除影响人才培养质量的各种不利因素。另一方面，要完善信息收集机制，形成有效的信息采集制度，努力实现源头采集。树立一种大数据价值观，在面对数据指标缺陷时，从疲于应付、迎评达标的填报动机转向主动采集和持续改进的价值取向。建立一套科学有效的数据应用制度，形成常态化的信息分析反馈与改进机制，尊重投入与产出效能的数据分析，客观评价各个学院（系）和专业的教学状态和人才培养水平，为学校改革决策提供解决方案，从而实现实时、动态和共享，切实提升学校教学运行管理的信息化水平。

第三节　培育现代高等职业教育质量文化

高等职业教育质量文化是在高职高专院校长期办学实践中，由学校全体教职员工普遍认同，逐步形成并相对固化的群体质量意识和方针、质量目标和标准、质量评价方法和奖惩制度的集合体。培育现代高等职业教育质量文化业已成为高职高专院校教学质量内部监控体系构建的终极目标。高职高专院校的质量文化是一个金字塔结构，由下而上分别为物质文化、行为文化、制度文化和精神文化。那么，培育现代高等职业教育质量文化需要从构筑物质文化、打造行为文化、凝练制度文化和弘扬精神文化四个方面入手。

第一，构筑物质文化。高职高专院校的物质文化具有广义性，它指向职业，主要包括设施文化和环境文化，是学校综合实力的重要象征。其中，设施文化既包括各种建筑设施，也包括各种标识和服饰等；环境文化主要包括政策环境、资源环境和合作发展环境文化，在高职高专院校教学质量内部监控体系和人才培养质量持续改进过程中发挥重要作用。第二，打造行为文化。行为文化是多层面的，高职高专院校的行为文化主要是指活动文化，即在教学活动、科技活动和社团活动中赋予其文化生命、体现其文化特质，也表现为各种礼仪文化等。行为文化是学校文化风貌、文化品位和人际关系的动态体现。第三，凝练制度文化。制度文化促使高职高专院校在管理中“以规育人”，并不断走向标准化和规范化。在教育教学活动中，高职高专院校的制度是全方位的，包括所建立的组织机制和管理制度，涵盖各种规章制度、工作守则、道德与行为规范等。这是文化建设中的制导系统。第四，弘扬精神文化。精神文化具有隐性特征，主要包括观念形态和文化心理，是文化建设的核心。就高职高专院校而言，校风是其精神文化的具体化和外显化，校训则是其精神文化的核心和灵魂。弘扬精神文化需要明确学校文化建设的关键点和落脚点。具体而言，高职高专院校需要通过厘清学校的办学定位和服务方向打造办学精神，抓住精神文化建设的关键点；通过文化育人落实人才培养目标，把握精神文化建设的落脚点。

参考文献

[1] ANTON D G. Improving the quality of education through school-based management[J]. International Review of Education, 2005, 51(4).

[2] ASTIN A W. Four critical years: effects of college on beliefs, attitudes and knowledge[M]. San Francisco: Jossey-Bass, 2007.

[3] AYTAC A, DENIZ Z. Quality function deployment in education: a curriculum review[J]. Quality & Quantity, 2005(4).

[4] BERDAHL R. Statewide coordination of higher education[M]. Washington D. C.: American Council on Education, 2008.

[5] BLOOM A. The closing of the american mind[M]. New York: Simon & Schuster, 1987.

[6] DELVIN G. Quality management in US higher education[J]. Total Quality Management, 2002(2).

[7] FEIGENBAUM A V. Total quality control[M]. New York: McGraw-Hill Book Company, 1983.

[8] GEMMA R, RAMON C. Quality management in undergraduate laboratories[J]. Microchmica Acta, 2003(4).

[9] GEOFFREY D D. On quality in education[J]. Quality Assurance in Education, 2008(3).

[10] GREEN D. What is quality in higher education? [C]. Buckingham: Society for Education and Open University Press, 1994.

[11] HERBERT W M, MICHAEL B. Multidimensional students' evaluation of teaching effectiveness[J]. The Journal of Higher Education, 1993(6).

[12] KELLER. Teachers' report of the effects of a whole school literacy reform model on teacher turnover [J]. The Elementary School Journal, 2009(6).

[13] LAN W S, MICHAEL W. TQM in tertiary education [J]. International Journal of Quality & Reliability Management, 1991(5).

[14] LAWN M. Social constructions of quality in teaching [J]. Evaluation and Research in Education, 2001 (12).

[15] SALLIS E. Total quality management in education [M]. London: Kogan Page, 1993.

[16] SENCILA V, SKIPARIENE I. Application of ISO 9000 series quality management standards at a higher education institution: a case of Lithuanian

Maritime college[J]. Quality of Higher Education, 2007,4(2).
[17] VENKATRAMAN S. A framework for implementing TQM in higher education programs[J]. Quality Assurance in Education,2007(1).
[18] WILLETT. Using a cox regression model to examine voluntary teacher turnover[J]. The Journal of Experimental Education,2008(6).
[19] WILSON J D. Appraising teaching quality[M]. London:Hodder & Stoughton,2002.
[20] [德]克里斯托弗·福尔. 1945年以来的德国教育:概览与问题[M]. 肖辉英,译. 北京:人民教育出版社,2002.
[21] [荷]弗兰斯·范富格特. 国际高等教育政策比较研究[M]. 王承绪,译. 杭州:浙江教育出版社,2001.
[22] [美]布鲁姆. 教育评价[M]. 邱渊,王钢,夏孝川,等译. 上海:华东师范大学出版社,1987.
[23] [美]罗伯特·欧文斯. 教育组织行为学[M]. 窦卫霖,译. 上海:华东师范大学出版社,2001.
[24] [美]斯塔弗尔比姆. 评估模型[M]. 苏锦丽,等译. 北京:北京大学出版社,2007.
[25] [美]朱兰. 朱兰论质量策划[M]. 杨文士,译. 北京:清华大学出版社,1999.
[26] [英]莫利. 高等教育的质量与权力[M]. 罗慧芳,译. 北京:北京师范大学出版社,2008.

[27] 边晓霞.高校教学质量管理与优化研究[D].天津:天津理工大学,2013.

[28] 曹安照,余承海.高校教学质量监控的效度、信度与限度[J].大学教育科学,2014(1).

[29] 陈建湘,谢再莲.试论高校内部教学质量监控主体体系、内容体系和运行机制的构建[J].教育与职业,2004(15).

[30] 陈玉坤,代蕊华.高等教育质量保障体系概论[M].北京:北京师范大学出版社,2004.

[31] 陈玉琨.教育评价学[M].北京:人民教育出版社,2006.

[32] 陈玉琨.论发展性高等教育的质量保障[J].国家教育行政学院学报,2001(5).

[33] 陈竹韵,陶宇."互联网+"时代澳大利亚职业教育质量保障体系研究[J].职教论坛,2017(17).

[34] 邓红霞.教学质量监控系统的研究与实现[D].太原:太原理工大学,2006

[35] 邓咏梅.多层次灰色评价法在课堂教学质量评估中的应用[J].科技进步与对策,2004(12).

[36] 邓志军,李艳兰.论德国行业协会参与职业教育的途径和特点[J].中国职业技术教育,2010(19).

[37] 丁邦平.从"形成性评价"到"学习性评价":课堂评价理论与实践的新发展[J].课程·教材·教法,2008(9).

[38] 龚怡祖.大学教学过程质量监控系统的管理学思考

[J]. 高等教育研究,2004(5).
[39] 顾明远. 教育大辞典[M]. 上海:上海教育出版社,1998.
[40] 顾志跃. 转型中的教育评价[M]. 上海:上海科技教育出版社,2005.
[41] 韩映雄. 高等教育质量精细分析[D]. 上海:华东师范大学,2003.
[42] 何广明. 全面质量管理(TQM)综合法[M]. 北京:中国标准出版社,1998.
[43] 何桢,赵玉忠. 全面质量管理中的关键影响因素分析[J]. 统计与决策,2008(12).
[44] 胡中锋. 教育评价学[M]. 北京:中国人民大学出版社,2013.
[45] 黄启兵,毛亚庆. 从兴盛到衰落:西方高等教育中的全面质量管理[J]. 比较教育研究,2008(3).
[46] 黄蓉生,白显良,石雪. 高等教育发展质量研究[M]. 重庆:西南师范大学出版社,2010.
[47] 江彦桥,赵伟建,付克阳. 高等学校教学质量保证体系的研究与实践[M]. 上海:上海外语教育出版社,2002.
[48] 金娴. 扩招背景下高校教学质量监控研究——以浙江师范大学为例[D]. 济南:山东师范大学,2008.
[49] 兰利琼. 弘扬教学文化,构建激励性评价机制[J]. 高等工程教育研究,2013(5).
[50] 李立国. 以学术同行评价与监督为基础建立教师声誉

制度[J]. 中国高等教育,2005(11).
[51] 李文静,周志刚. 德国职业学校教育质量保障:经验与借鉴[J]. 中国职业技术教育,2014(24).
[52] 李亚东. 试论我国教育评估中介机构的构建[J]. 教育发展研究,2002(11).
[53] 李焰,郜江霖. 地方院校实践教学质量监控体系的构建[J]. 高等工程教育研究,2009(3).
[54] 李佚芳. 从过程模型的视角审视教学质量监控的有效性问题[J]. 中国高教研究,2010(7).
[55] 林建,陈桂,盛党红. 全方位教学质量监控体系的建构与实践[J]. 中国电力教育,2014(27).
[56] 林健. 高等学校人才培养全面质量管理探析[J]. 高等教育研究,2001(6).
[57] 刘凡丰. 反思美国高校全面质量管理[J]. 清华大学教育研究,2001(1).
[58] 刘校梅. 教育评价的演进[J]. 东岳论丛,2002(3).
[59] 刘尧. 论教育评价的科学性与科学化问题[J]. 教育研究,2001(6).
[60] 柳国辉. 关于教育管理质量观的研究[D]. 武汉:华中师范大学,2006.
[61] 吕红,石伟平. 澳大利亚职业教育质量保障体系探究[J]. 外国教育研究,2009(1).
[62] 潘懋元. 高等教育大众化的教育质量观[J]. 江苏高教,2000(1).
[63] 彭宁. 浅谈教学质量管理要素[J]. 广西师专学报(哲

学社会科学版),1998(3).
[64] 曲洪山.加强教学质量内部监控与管理的实践探索[J].中国职业技术教育,2007(25).
[65] 石云.高等学校教学质量内部监控体系及其网络化研究[D].西安:陕西师范大学,2005
[66] 史秋衡,宁斌.美国社区学院教学质量监控体系的结构及设计思想[J].高等教育研究,2006(8).
[67] 随新玉.建立健全教学质量监控机制,全面提高教学质量[J].中国高教研究,2002(1).
[68] 孙喜亭.教育原理[M].北京:北京师范大学出版社,2003.
[69] 田彩萍.高等院校教学质量监控体系与运行机制研究[D].武汉:华中师范大学,2009.
[70] 王春光.高校教育教学质量管理的关键要素探讨[J].高等农业教育,2015(3).
[71] 王丹,张露丹.澳大利亚职业教育质量保障体系比较研究及对我国的启示[J].职教论坛,2014(24).
[72] 王汉澜.教育评价学[M].郑州:河南大学出版社,1998.
[73] 王嘉毅.教学质量及其保障与监控[J].高等教育研究,2002(1).
[74] 王金山,方慈.高校教学质量监控系统分析与设计[J].中国高等教育评估,2001(1).
[75] 王梅,王英利,王世斌.德国职业学校外部质量评价的内容与特点分析——以石勒苏益格-荷尔斯泰因州

为例[J]. 比较教育研究,2013(12).
[76] 王敏珣,吴仁英. 教育质量监控系统构建申论[J]. 河北师范大学学报(教育科学版),2005(5).
[77] 王庆. 英国职业教育质量保障体系的特点及启示[J]. 中国成人教育,2014(17).
[78] 王天晓. 教学改进——埃尔默对学校改进理论的深化[J]. 比较教育研究,2009(3).
[79] 王为正,孙芳,李玉. 大学内涵式发展背景下的教学质量管理探究[J]. 中国高教研究,2015(4).
[80] 王伟廉. 关于教学质量管理几个问题的再探讨[J]. 中国高等教育,2007(19).
[81] 王宪华. 高等学校教学质量内部监控体系研究[D]. 济南:山东大学,2005.
[82] 吴霓. 学校教育管理实施 ISO 9000 族标准的研究与实践[M]. 北京:教育科学出版社,2006.
[83] 吴雪萍,金晶. 英国职业教育质量评价探究[J]. 比较教育研究,2013(2).
[84] 习晓明. 英国高等职业教育 SQA-HND 教学质量保障体系特点及其启示[J]. 职教论坛,2013(15).
[85] 谢逢春. 建构主义与工科基础理论课教学研究[J]. 高等工程教育研究,2010(4).
[86] 谢再连. 高职高专院校教学质量内部监控体系的研究与实践[D]. 长沙:国防科学技术大学,2007.
[87] 许建钺. 高等学校教育鉴定与水平评估[M]. 北京:中国科学技术出版社,1992.

[88] 许露,庄亚明.澳大利亚职业教育课程质量标准体系及启示[J].职教论坛,2011(12).
[89] 姚利民.有效教学研究[D].上海:华东师范大学,2004.
[90] 余玲,胡望斌.论高校教学质量管理中的文化管理[J].江苏高教,2010(2).
[91] 俞继凤.高校教学质量监控的系统科学分析[J].国家教育行政学院学报,2005(1).
[92] 袁锡明.高职教学质量控制体系与持续改进途径研究——以无锡商业职业技术学院为例[D].南京:南京大学,2006.
[93] 张安富.正确处理"质量工程"实施过程中的几个关系[J].国家教育行政学院学报,2009(6).
[94] 张海鹰.基于 ISO 9000 理念的高校教学质量监控体系实践研究——以 A 校为例[D].重庆:西南大学,2010.
[95] 张慧莉.Y 县教学质量监控体系研究[D].上海:华东师范大学,2010.
[96] 张应强,刘在洲.高等教育大众化背景下的教学质量保障问题[J].高等教育研究,2003(6).
[97] 张元增.高等教育评价方法研究[M].上海:复旦大学出版社,2002.
[98] 张振.高职高专院校教学质量内部监控体系研究[D].南宁:广西大学,2015.
[99] 章喜明.基于 TQM 理念的高校院系级教学质量监控

体系研究[D].合肥:合肥工业大学,2010.
[100] 郑卫东,毕蓉.构建高职院校教学质量保障体系的研究与探索:从数据采集走向数据管理[J].教育发展研究,2011(11).
[101] 周朝琦.质量管理创新[M].北京:经济管理出版社,2000.
[102] 周鸿.论教学质量管理的理念与机制的创新[J].国家教育行政学院学报,2003(4).
[103] 朱永林,倪志英.高等教育质量控制的研究[M].哈尔滨:东北林业大学出版社,2005.